佐藤洋一郎

食べるとはどういうことか

勉誠出版

はじめに

食べるとは？

科学技術の発達には目を見張るものがあります。宇宙開発は二一世紀に入って格段に進歩し、宇宙ステーションが国際共同の仕組みで運営されるようになりました。国籍の違う宇宙飛行士たちが、宇宙ステーションというハイテクの塊のような装置の中で仕事しながら生活するようすが、動画として世界に配信されたのです。地表面に薄い皮膜のようにへばりつく生存圏を長らく出たことのなかった人類が、ついにその生存圏の外で生活を始めた瞬間でした。ここに示した一枚の写真は、二人の宇宙飛行士がハンバーガーを食べているところです（図1）。無重力の宇宙空間ですから、ハンバーガーが宙に浮いていいます。

図１　宇宙船の中の食（Wikimedia Commons より）

　けれどもわたしにとってこの写真が印象的であったのは、ハンバーガーが宙に浮いているところではありません。ハイテクの塊のような空間である宇宙ステーションで活動する宇宙飛行士たちでさえ、生命維持のためには食べ続けなければならないことを雄弁に物語っているところでした。おなじく、人は生きている間は排泄します。生きるとは、必要なものを取り入れ不要になったものは体外に出すことです。そして、人間は生き続ける限り、地上の原生林のなかにいようが宇宙ステーションのようなハイテク空間にいようが、この原則から逃れることはできないのです。

それなのにいま、私たちは、この原則を忘れてしまったかのような食生活を送り続けています。日本では「食べたいものを食べたいときに食べたいだけ食べる」ことができて当然であるかに思っています。あまりにあたりまえのことになってしまい、食べるものへの感謝、食べることが出来ることへの感謝が薄れてきていると感じます。そして「食への無関心」が蔓延してきています。

でも、歴史をみると、このような幸運な時期は決して長続きしないように思います。人類は食べるものを安全に、そして安定的に入手することに文字通り命をかけてきました。失敗は死を意味したのです。文明誕生以後の世界でも事情は変わりませんでした。日本でも事情は同じで、一九四五年から一九五〇年ころには日本中のほとんどの人が飢餓を体験、ないしは実感していたのです。つまり、わたしたちの食は、将来にわたって盤石の構えになっていない、ということなのです。

地方でおきていること

日本の地方地域ではいま、食の生産の面で深刻な問題がおきつつあります。一九八〇年代ころから人口の減少、経済活動の衰退がめだつようになってきました。この現象

図２　過疎地の景観

は「過疎」ともいわれました（図２）。

食の生産の分野では、野生動物による食害、つまりシカ、イノシシなどの野生動物が作物を食べてしまう害が深刻です。野生動物による食害は、都会に住む人が想像するよりはるかに深刻で、人の命がおびやかされる事態になっているのです。二〇一六年、秋田県の山間部で、高齢の男女が相次いでクマに襲われる事件が起きました。これまで、人に出くわしたクマが驚いて人に危害を加える例がほとんどでしたが、この事件ではクマが積極的に人間を襲ったといいます。音を立てて道を歩くという今までの「クマ除け」は、人食いクマに対しては逆効果になりかねません。野生動物と人間とのせめぎあいは畑の作物をめぐる経済的な局面から、いまや生命の交換をせざるを得ない局面に入ってしまっているようです。

クマだけではありません。最近では、イノシシ、サルなどが人を襲ってけがをさせた例がいくつも報告されています。なぜそのようなことがおきるのか。以前は、動物たちのえさとなるものが山から失われているからだと説明されていました。それもあるかもしれませんが、問題は野生動物たちがかつて人びとが血のにじむ思いで開墾して作り上げてきた里地を自分たちの領分であるかにふるまうようになってきたことです。現代人は、《都市部と里地は人間の領分で野生動物の領分は奥山》と勝手に整理していますが、それはあくまで人間側の論理です。野生動物たちが人間の思惑のとおりに行動する保証は何もないのです。

人間活動の低下と野生動物の増加。わたしは日本の中近世に物語として残された「昔話」のなかのオオカミの話を思い出します。物語の中のオオカミはとても恐ろしい動物です。オオカミが怖れられた理由の一つは飼っていた家畜などがさらわれたなどの被害があったからです。オオカミにとっては人間も攻撃の対象でした。成人男性でも決して安心はできませんでした。ニホンオオカミはすでに絶滅してしまっているのでその恐ろしさはリアリティをもって伝わってきませんが、人里離れた山奥——里地の対語として奥山という語がつかわれてきました——は、人知及ばぬ恐ろしいところだったのです。

そしてこうした状況が、日本の地方地域の生産地としての地位を脅かしています。多くの地方で、田畑は、周囲を電気柵や動物よけの柵で囲まれなければ生産が困難になっているのです。地方地域の縮小は、食料生産の縮小なのです。

大災害が地方の縮小を急加速させた

大災害が地方社会の縮小を一気に加速させることもあります。二〇一一年三月の東日本大震災に伴う東京電力の福島第一原子力発電所の事故で、大勢の住人が避難を余儀なくされました。ある日突然にして、日常を奪われたのです。福島県の沿岸部に定められた帰宅困難地域の人びとが先の見えない避難生活を強いられたことは私たちの記憶にあたらしいことです。集落ぐるみで避難させられた地域では、田畑も雑草に覆われて荒れ果て、あるいはイノシシに掘り返され、豊かだった農地は荒野へとその姿を転じています。さらに時間が経てば生態系の遷移も進んで、ますます人の手の入りにくい環境が広がるだろうと懸念します。イノシシが街中を闊歩し、人家にもしばしば侵入して暴れまわっています。メンテナンスが行われなくなった建物では屋根や壁の一部がはげ落ち、みるからに荒れ果てています。家の中では、小動物や害虫がはびこり、カビが生え、もはや人の住める状況ではありません。東日本大震災とそれによる原発事故が、地方の縮小を急加速、ないしは崩壊に招いています。

二一世紀は災害の世紀といわれます。大地震ばかりか、地球温暖化に端を発するといわれる豪雨や洪水が繰り返し地方を襲っています。交通網が遮断され、山奥の人びとが長期間、麓の親戚宅に身を寄せなければならない事態がおきています。線路が破壊され、年単位で不通になっている線区も出てきています。地方地域はいま、地域全体が深刻な機能不全に陥ろうとしています。こうした地方地域を「縮小社会」といいます。この語には強い反発もあったようですが、実態をみればすこしも大げさではありません。人気テレビ番組でもある「ぽつんと一軒家」では、そうした山奥でたくましく生きる人びとの姿が紹介され、みるものに感動を与えていますが、そこに通じる一本の細い道が山崩れなどで失われてしまえば彼らの暮らしもまた瞬時にして奪われてしまうのです。もはや地方地域の状況は個人の努力だけではどうにもならないところにまで来ているのです。このことに皆が気づいているからこそ、件の番組は多くの人に支持されているのだと思われます。

大災害、都市を襲う

もし、こうした大災害が首都や関西圏など人口密度の高い地域でおきればどうでしょう。おそらく想像を絶する大災害になるでしょう。幸運にして死や大けがをまぬかれた被災者には、発災の数日、数週後から別の種類の災害が襲ってきます。二〇一一年三月一一日の東日本大震災の直後、仙台に住む私の友人は奇妙な経験をしたといいます。とあるコンビニで、棚に残ったインスタントラーメンに一〇〇〇円の値がついていたというのです。そしてその一〇〇〇円のインスタントラーメンも、一時間後には売れてなくなっていたといいます。日本全国に張り巡らされたコンビニ・チェーンの強靱なネットワークをもってしても、水や食料の不足を解消することはできませんでした。

二〇一六年四月の熊本地震の際には、被災直後の人びとの様子がかなり詳しく放映されました。そしてここでも人びとは食べることが出来なくなる恐怖を味わいます。熊本市内の様子をヘリが撮影した映像の中に、高校のグランドに避難した人びとがパイプ椅子を並べて描いた「カミ、パン、水ＳＯＳ」の文字が見えました。この映像はみたものに衝撃を与えました。食べることに何の不安も持たずに暮らしてきたわたしたちが、災害をきっかけに奈落の底に突き落とされそうになる――。ＳＯＳの文字を描いたその人たちは、目の前にぽっかりと開いた「奈落の底」に落ちる恐怖を味わったのだろうと思います。

健常者ならばともかく、乳幼児や高齢者、それに病人にとって状況は深刻です。非常用の物資も医療用の物資も、交通手段が断たれては届けようがないのです。へたをすると、死因のトップは餓死になるかもしれません。

感染症の流行は、災害からの復旧をあらゆる面で遅らせることでしょう。二〇一九年の暮れに発生した新型コロナウイルス感染症では人と人との距離の近さが問題になりました。避難所への避難もおおきな制約を受けることでしょう。感染者の増加は、医療関係者はじめあらゆる職種の人びとの活動を制限し、復旧活動を妨げるでしょう。復旧の遅れは衛生状態の悪化をもたらし、また食料の供給を滞らせ、感染拡大を深刻化させるでしょう。そうすると復旧活動がさらに遅れるという悪循環が生じます。

ウクライナでおきていること

二〇二二年二月、ロシア軍は国境を越えてウクライナに侵攻しました。侵攻とはいうもののこれは立派な侵略です。テレビを通じて流される映像を見る限り、首都のキーウ

（キエフ）はじめいくつもの都市にみさかいもなく爆撃が加えられ、子どもを含む大勢の市民が命を落としています。いくつかの街では水や燃料、それに食料の補給が止められ、残った市民は生命の危機を覚えるほどのひどい迫害を受けているといいます。

こうした映像を、遠く離れた日本にいるわたしたちはどこか人ごととしてみてきました。「気の毒だ」「かわいそう」「ロシアはひどいことをする」――。多くの人に共通の感想でしょう。でも、よく考えてみると、ウクライナで起きていることは、日本にすむ私たちにも深く関わってくる出来事です。じつは、ウクライナの広大な大地も、それに続くロシアの大地も、小麦の世界的な大産地なのです。あたりは「黒土地帯」と呼ばれ昔から世界の穀倉地帯とされてきたところです。そこが戦火にまみれたのです。

日本は、じつは小麦の大消費者です。そのうえ、消費する小麦の九割近くを輸入に頼っています。今度のウクライナでの出来事は、小麦の価格上昇という形で日本にも跳ね返ってきています。いまのところはまだ製品の価格が少し上がる程度ですが、戦争が長期化、あるいは戦火が各地に飛び火するような事態になれば、値上がり、品薄どころか、小麦や小麦粉の枯渇、というような事態にもなりかねません。グローバル化は平和な時代にはプラスの面もありましたが、戦争の時代には、とくに食料の確保という面では日本のように海外に食料を頼るやり方はリスクがおおきいのです。

本書の構成

災害の頻発やそれに伴って生じるであろう食料難という足もとに忍び寄りつつある危機に気づかないのは、日々の私たちの食がどのように準備され体系化されているかが見えにくくなっているからでもあります。「食の営み」の連鎖を構成する営みがあまりに広い範囲にまたがっているためにその全体の俯瞰が難しく、また俯瞰しようとするのは大変な作業になります。食にかかわる問題を総体として理解しようと思えば、何か道案内のようなものが必要です。この道案内の代わりとしてわたしは本書では、「食のチューブ論」を取り上げてみようと思います。「チューブ論」という正式の名称があるわけではありませんが、これは動物行動学者の日高敏隆さんが、人の食を考えるのに、人間の身体はチューブのようなものだという比喩をしながら話をされたのに基づいて、勝手に「チューブ論」と名づけたものです。くわしくは、日高敏隆著『動物という文化』（講談社、一九八八年）をみてください。

その後チューブ論に似たことをいった人がいます。歴史学者の藤原辰史さんです。二人の研究者に共通している視点は、人間の身体のなかで、消化器を一つの管のようなものと考えるところです。人間は管の一端である口から食物を取り入れ、消化管の中でそれらを消化し、体内で要らなくなったものや未消化のものなどを管のもう一端から体外に出すようにできている、と考えるわけです。あたりまえのことをいっているように思われるかもしれませんが、それはそれでいてなかなか奥の深い視点なのです。

文化を持たない野生動物たちは、手に入るものを入った順番に口に入れるだけです。ところが人間は、調理とか保存という手段を覚えたのです。さらには、タブーや儀礼のための食などの意味づけを食べることに与えるようになりました。いわゆる食文化をもつに至ったわけです。さらに人類は、チューブの他端から出したものを排泄物として忌み嫌い、遠ざけました。

このチューブ論にしたがって、本書では、①食べるもの、②食べものが口に入るまで、③人体内でおきていること、そして④しまいかた、つまり排泄物や自らの身体の扱いかたの四つの部分に分けて書くことにします。食べるものの動きに沿って食の文化を論じてゆこうと思います。

食べるとはどういうことか◎目　次

はじめに……(3)

1 食べるもの

目次

2　食べ物が口に入るまで

3　人体内で

4 しまいかたを考える

おわりに……245

凡例

・生物学の分野では、動植物の名前はカタカナで表記することになっていますが、本書では一部を漢字表記にすることにします。

1　食べるもの

夏の野菜・冬の野菜

第1章　食べるものを手に入れる

人の食べもの

人類はどのようなものを食べて生きてきたのでしょう。人類がその食のうえで他の哺乳動物と決定的に違ってきたのには、いくつかの画期があったといわれています。ひとつは火を使うことになったことです。火は、人間の専売特許であるばかりか、他の動物たちは火を恐れ近づこうとしません。人類が肉食の動物たちから身を護ることができたおおきな理由はそのためだといわれています。さらに火を使うことで、でんぷんを消化しやすくしたり、肉を柔らかくしたり、さらには病原菌や寄生虫を殺すことができました。詳しいことはまたあとで述べることにします。

農耕の発明は約一万年前ころからはじまった出来事ですが、これによって植物性の食材を計画的に生産することが可能になりました。さらには、他人のために食料を作る、農業という生産システムができるもととなったのです。農業がおこる前、すべての人は自分の食を自分で用意していました。「自分で」というよりも「自分の家族や家族が所属する集団で」というほうがよいかもしれませんが、ともかく人はみな、何らかの形で食料の生産にかかわっていました。この生産の方式は、狩猟、採集の社会から初期の農耕社会まで続いたことでしょう。なお、農耕のおこりについてはたくさんの研究があり、また研究内容を分かりやすく説明した図書もたくさんあるので、それを参照してみてください。

農耕は、それに伴う文化を発達させました。農耕は、作物という特殊な植物それ自体や農耕のための技術を伴います。農具を含めた道具を使うための技術などです。農耕とは先行投資の意味合いの濃いなりわいです。何しろ、種子を播いてから実りを手にするまで半年もの時間がかかるのですから、祈りたくなるのも当然です。農耕のウエイトが高くなればなるほど失敗したときの影響はおおきくなります。農耕の場や時間が採集のそれを圧迫するので、多様な食べ物がうしなわれてゆくからでもあります。また、農耕の規模がおおきくなるにつれて病害虫の被害がおおきくなることもよく知られています。これにつれて豊作を祈り、豊作を感謝する祭の文化が発達しました。

画期が訪れたのは、都市ができて自分の食を他人に依存する暮らしを送る人びとが登場した時だったと思われます。都市とは、さまざまな業種の人が集まり、役割を分担しながら社会を動かしてゆくところです。やがて彼らは、自らの食を、誰か第三者に依存するようになります。たとえば江戸時代中期以降の江戸は人口一〇〇万を超えるほどの大都市でしたが、このうちの約半数が町人だったようです。町人にはさまざまな職人や商売人などがいました。武家も五〇万人程度の人口がありましたが、彼らもまた非農耕人口でした。人口が増え、社会のつくりが複雑になるほど職種も増えてゆきますが、彼らは自分が食べるものを自分で作ることはできません。その時間もないでしょうし、それに都市では人口密度が高いため十分な農地もありません。

自分で自分の食を生産しない人がいるということは、彼らの食を生産するなりわいが成り立つということです。これが農業です。しかも、都市の人口がおおきくなればなるほど都市民たちの食料も増加します。それにつれて農業も発達したことでしょう。

同時に、他者のために料理するなりわいが登場しました。都市に暮らす人びとがその恩恵にあずかりました。分業がすすむことで、人は他者と共食するようになります。生産を手分けしたのですから、それは当然の結果でした。

ほかにも都市と都市を結んで交易したり情報をつないだりする旅人に対する食事の供与も欠かせないものでした。日本の昔話には、よく、旅の僧などがその旅の途中、田舎で農家に一宿の提供を求める話が出てきます。貧しい農家には旅のものに提供する米などありません。それにもかかわらず親切な農家はその旅のものに一宿とともに一飯（食事）を提供するという美談です。「一宿一飯の恩義」の語源となった話です。都市には地方より、はるかにおおくの旅人がやってきます。彼らの宿とともに、食を提供するなりわいがうまれたことでしょう。

人は雑食動物

さて、人間の祖先は何を食べて生きてきたのでしょうか。あるいは、何を食べなければならなかったのでしょうか。詳しいことは第2章で詳しく書きますが、人間は基本的には動物性、植物性の食物を食べる雑食動物です。雑食動物というと、動物性、植物性の食材どちらを食べてもよいように聞こえますが、そうではなくてその双方を食べなければならないのです。

もちろん条件次第では動物性の食材に偏ったり、反対に植物性の食材におおくを依存したりするなどいろいろな型があります。北極海沿岸はじめ高緯度地帯の狩猟民たちの食材のほとんどが動物性のものです。いっぽう世界の各地にはいろいろな理由から動物性の食材を食べないいわゆる「菜食主義」の人たちがいます。しかし原則として人間は両方の食材を食べるようにできた動物です。

栄養の面からみると、動物性の食材はたんぱく質や脂質の供給源です。いっぽう植物性の食材は、糖質や脂質の供給源です。しかしこの整理もあくまで原理、原則の話で、そうでないものもたくさんあります。北極海沿岸や高緯度地帯の狩猟民の生活の場には、人間が食べられる植物性の食材はほとんどありません。人びとの食材はほとんどが海の生きものたちに限られてしまっています。そこで、人びとはこれらの動物を余すことなく食べる文化を発達させました。肉や脂肪はたんぱく質や脂質の供給源ですが、血液もまたたんぱく質の供給源です。

狩猟民だけでなく、遊牧民にも同じことをする人びとがいます。モンゴルの遊牧民たちはヒツジを解体するとき、内臓や血液を含むあらゆるものを食べます。解体中、彼らの流儀は血液の一滴たりとも大地に流さないことです。血液は、他の臓器を細かく刻んだ肉などとともによく洗った腸管に詰め込みソーセージにして食べます。このやり方はドイツなど北部欧州の人びとの方法にも通じています。動物性の食材をおおく食べる人びとにとって、動物の血液は貴重な栄養源なのです。

菜食する人びとにはいくつかの型があります。ひとつは、主に宗教的なしきたりなど社会的な約束のもとで動物性の食材を食べない人びとです。たとえばインドではヒンズー教などの影響で人口の三割の人が動物性の食材を口にしないといいます。もっともその厳格さにはいろいろな水準があり、動物性の食材は文字通り一切口にしない人から、ミルクは許されると考える人びと、あるいは鶏卵でも無精卵ならば大丈夫と考える人びとがいます。

いっぽう最近では個人の意思に基づいて肉食をしない人も増えているようです。そのほうが健康によいと信ずる人もいますし、なかには肉食は地球環境に負荷を与えるからという理由をあげる人もいます。たしかに、現在流通している食肉の中にはトウモロコシの餌を食べて育てられた家畜に由来するものがたくさんあります。餌の量を計算すると、一キロの枝肉（頭部や内臓などを除いた胴体部分の骨つきの肉）を生産するのに使われるトウモロコシの量は一〇キロを超えるといいます。だから肉食は、トウモロコシなど穀類を食べるのに比べて一〇倍以上のエネルギーを消費している、というわけです。なるほどそのとおりですが、しかしこうした計算を基に遊牧民の食を環境負荷のおおきな食ということはできないと思われます。遊牧民たちの食肉はトウモロコシなど農産物で育てられたものではなく、牧草を食べてできているからです。その牧草は、穀類を育てることのできる土地（耕地）ではなく耕作には適さない草地に自然に生えているものです。つまり遊牧民たちの家畜は農作物で生きているのではないのです。そうした、他者の暮らしの背景にある事情を思いやることも、食を考える上では重要です。いわゆる異文化理解、異文化交流です。

入手の邪魔をするもの

よくテレビなどで、アフリカのサバンナで草食動物を捕えた肉食獣たちが他の動物たちに獲物をもってゆかれるシーンが出てきます。食べ物は思いのままにならないようです。人間も同じです。地上にはいろいろな生きものがいます。中には食べ物において人間と競合関係にある生きものもいて、やはり思いのままにはなりません。

食料の横取りをするのは、日本では最近特に問題になっているイノシシやシカ、サルなどの野生動物です。彼らによる農作物の被害は年間一六四億円（二〇一七年度、農林水産省調べ）にもなります。もっとも、動物による食害はいまに始まったものではなかったようです。日本でも各地に「猪垣《ししがき》」と呼ばれる、石を積んだ垣根が残されています。イノシシによる作物の食害を防ぐためのものであったといわれています。

図３　獣害防止の電気柵

動物による被害は世界中にみられます。モンゴルなどの遊牧民たちはオオカミを恐れています。オオカミは夜、彼らの家畜の群れ、ことに羊の群れにしのびより、身体の小さな仔羊たちを連れ去るからです。

稲作に被害をもたらすのは、脊椎動物ではスズメやネズミなどの小動物でしょうか。鳥に対しては網を張る以外よい手段が見当たりませんが、フィリピンにある「国際稲研究所」の田んぼでは、一九八〇年代まで、「スズメおい」という仕事がありました。朝夕だけでしたが研究所の田んぼの畦に立ち、スズメが来ると竹の棒を振り回す、あるいは土塊を投げるなどして追い払うというものでした。スズメの被害はそれだけ深刻だったわけです。

ネズミは、主に収穫後の米を狙う存在です。静岡市の登呂遺跡（弥生時代）から出土した倉庫と思われる高床式の建物からは、ネズミ返しという、ネズミが階段を上がれないようにする装置がつけられていました。インドシナの国ラオスを訪れたとき、収穫したイネを乾燥させるときに野ネズミの攻撃から守るための装置をみました。畑の一角に太い杭を四本立て、その上に板をわたしてその上に収穫した穂束を山と積んであるのでした。板の地面からの高さは五〇センチ近くはあったでしょうか。野ネズミはラオスの農家にとってはおおきな脅威です。

ネズミが脅威であることは、次のお話からもうかがい知ることができます。鹿児島県黎明館の学芸課長であった川野和昭さんは、ラオスのある地域では干支《えと》の動物が一三種なのだといいます。日本や中国などでは一二種類です。「十二支」というくらいですから。では、ラオスの干支にはどんな動物が含まれるのでしょう。川野さんによると、一三種の動物のうち一二種は日本や中国のそれと同じで、一三になるのはこれにネコが加わっているというのです。十二支のなかにネコが入っていない理由はあれこれ語られているようですが、干支にネコが入るのは何もラオスに限ってはいません。ベトナムの干支にもネコはいて、その代わりウサギが除外されているのだそうです。

図４　ツボ枯れの田

ところで稲作の「邪魔者」は脊椎動物だけではありません。昆虫の一部は、害虫となって、家畜や作物を襲います。昆虫は、身体は小さいですがウイルスや病原菌を媒介するなどしてヒトや家畜におおきな被害をもたらします。害虫はまた、数にものをいわせて農作物を食い荒らします。記録によると、体長わずか数ミリのウンカの大群がツボ枯れをもたらし、さらには村や一つの地方の田全部を襲っておおきな飢饉をもたらす原因になったりもしました（図４）。江戸時代、西日本ではウンカによる大凶作を経験しています。病原菌もまた、数にものをいわせてヒトや家畜、作物におおきな被害を与えてきました。この

「雑草、害虫、病原菌」が作物に被害を与える御三家です。三者による生産量の減少は、総生産量の三割にも上がるという研究もあって、人類にとってこれらがいかに脅威であったか、改めて思い知らされます。

人類はこれまで、この被害をいかに小さくするかに腐心してきました。しかし、よく考えてみれば、これら邪魔者を作り出したのは人間の営みそのものであることがわかります。害虫が登場したのは、人間がある特定の植物を作物として保護し大量に栽培し始めたからです。昆虫と植物の間には、独特の共進化の歴史があります。共進化したいっぽうを、人間が取り立てたわけです。当然、その植物に相性の良かった昆虫はその数を増すことでしょう。微生物も同じです。にもかかわらず、人間はいってみればいっぽう的に、昆虫や微生物ばかりを排除しようとしたわけです。彼らが生き残るには、人を欺くしかありませんでした。いや、人を欺く力をもった昆虫や微生物だけが生き残り、害虫、病原菌として進化を遂げ今に至っているのです。彼らは実に嫌な存在ですが、しかし彼らは人間が作った存在なのです。その存在を消し去るのは本来的に困難、いやほぼ不可能なことなのです。

なお、忘れてはならないことですが、昆虫や微生物には人体を攻撃するものもあります。昆虫の中には、蚊のように病原菌を媒介するものがおおくあります。微生物のなかには人体に浸入してさまざまな感染症を引き起こすものもやはりおおくあります。

第2章　食べ物——なくてはならないもの

食材

「食材」という言葉には、「摂る」行為から「食べる」行為の間に何らかの行為があることを示します。先にも書いたとおり、人間は雑食性の動物です。いろいろなものを食べることで生命を維持してきました。人間は何を食べなければならないのか、もう一度整理しておきましょう。

日本が近代化の路線を歩み始めたとき、西洋からは栄養学という学問も入ってきました。近代栄養学では、人が食べなければならないものを「栄養素」という言葉で整理しました。栄養素はいままでは五つにわけるのが普通です。エネルギーとなる糖質、身体や血を作るたんぱく質、エネルギー源でもあり、また潤滑油としても働く脂質、微量ながらDNAを作る素材となったりするミネラル、そしてビタミンです。いっぽう、化学者にいわせると、人間が生きてゆくのに必要な元素は全部で一七元素です。もちろん量にすると、大量に必要な酸素や炭素、それに窒素のようなものもあれば、反対にごく微量でよいものもあります。亜鉛、銅、マグネシウムなどミネラルの仲間がそれです。

雑食動物としてのヒトは、植物性の食材と動物性の食材、双方を食べて生きています。いや、そうしなければならないのです。ヒトという動物は、草食動物としても肉食動物としても、いかにも中途半端な存在です。草食動物の身体をみてみると、草や樹木の樹皮など、さまざまな植物性の素材から栄養を得ることができます。おおくの植物の細胞は、セルロースを含む細胞壁をもちますが、残念なことにヒトの胃にはセルロースを分解する酵素がありません。セルロースはグルコース（ぶどう糖）が多数結合したものですから、もしこれを分解できれば好都合なのですが、残念なことにヒトはセルロースを栄養にすることはできません。ヒトが栄養素を取り出すことができるのは、葉物野菜のようにセルロースがまだ作られずやわらかいものや、種子などに蓄えられたでんぷんや、果実などに含まれる低分子の糖類だけです。でんぷんにしても、熱を加えるなどして変性させないと十分消化できないのです。

では、ヒトは肉食動物のように、他の動物を取って食う力に長けているでしょうか。残念ながらヒトは肉食動物ほど他の動物を摂る能力にも長けてはいないのです。肉食動物たちは時速数十キロで走る草食動物を「素手」で獲らなければなりません。時速五〇キロは秒速になおすと一三・九メートル。一〇〇メートルを七・二秒で走る速さです。それだけの速度で走る、体重が何百キロもある動物を追いかけてつかまえる四肢の力が必要です。捕まえた獲物を食いちぎる顎や歯の力も必要です。食いちぎった生肉を消化する強力な消化液も必要です。しかし、動物としてのヒトにはこうした力はありません。現代のヒトが、もし身体一つで原野におかれたとしたらどうでしょう。わたしたちの身体を狙う「敵」はいくらでもいますが、わたしたちがとって食べることができる存在は、動物、植物ともにごく限られていることはすぐわかると思います。個としてのヒトは、実はとても弱い存在なのです。

糖質、脂質、たんぱく質

五大栄養素からビタミンとミネラルを除いた三つ、糖質、脂質、たんぱく質を三大栄養素ということがあります。これらは量からみて他の二つの栄養素とは意味合いが異なります。

いまの時代、この狭い地球上には七〇億を超える人が住んでいます。しかし人口が七〇億にまで増加したのはそれだけの食料があったからです。とくに二〇世紀に入ってからの人口の増加は著しいものがありました。人口増が先か食料増が先か。「ニワトリが先か卵が先か」の議論に似ていますが、どちらが先であったとしても人口を支えるのが食料であることは間違いないでしょう。国際連合食糧機関（FAO）のデータによると、世界で一年間に生産される穀類はざっと二四億トンほど。ここで穀類とはイネ科の作物の種子をいいます。世界人口を七〇億人として一人あたり三三〇キログラムほどの「わけ前」があることになります。カロリーに換算すると一人一日およそ二九〇〇キロカロリーほど。いっぽう必要量は一人一日二〇〇〇〜二四〇〇キロカロリーほどあればよいとされていますので、エネルギーだけをみる限り食料はいまのところ足りています。

エネルギー源としては穀類のほかにもイモ類や豆類などがあります。とくに穀類は単位面積あたりの収量が多く、運搬や貯蔵に適しているので、文明の登場以降急速な伸びを示しました。また、量は限られていますが、ハチミツ、サトウキビ、ミルクなどさまざまな食材があるので、「わけ前」はさらに増えます。世界をまきこむような戦争や大災害がない限り、ここしばらくは人類全体が飢えるような状況にはならないだろうと思われます。

たんぱく質は、主に動物から得られます。家畜のミルクや肉、魚などの水産資源、野生の動物たち、昆虫などがそれです。それらはおおきくわけて、人がその生殖に「介入」した家畜と、そうはしていない野生動物の二つにわけることができます。前者に属するのは「五畜」といわれる遊牧文化が生み出した家畜（ヤギ、ヒツジ、ウマ、ウシ、ラクダ）のほか、ブタ、ニワトリ、トナカイなどおそらく数十種くらいでしょうか。なお、定義にもよりますが、蜂蜜のミツバチ、生糸のカイコガなどの昆虫が含まれることがあります。ペットもまた野生動物ではなく、英語では domesticated animal、つまり「飼い慣らされた動物」ですが、食用、あるいは使役用の家畜とはわけて考えることがおおいようです。いっぽう野生動物は、その種類の数という点では圧倒的大多数を占めます。

昆虫はそのほとんどが野生動物ですが、なかには人間の食料としてかなり重要なものが含まれます。日本でもイナゴは水田稲作開始の頃から食べられてきましたし、いまも高級食材としてデパートなどで売られています。セミやハチの子もよく食べられています。わたしも子供の頃、ハチの子を食べたことがあります。ハチの巣をとって中にいる子を取って食べるのですが、これが甘いのです。いってみればはちみつ漬けみたいなものですから当然といえば当然ですが、ハチの巣を取るのは危険な作業です。何しろ相手はすごい数です。刺されたりすると大変です。「虎穴にいらずんば虎子を得ず」というところでしょう。

東南アジアには多様な昆虫食の文化があります。先ほどのイナゴはいうに及ばず、竹筒の中に巣食うバンブーワームという虫、クモ、サソリと、なんでもありの状態です。面白いところではアリでしょうか。ちょうど米粒よりやや小さいくらいのおおきさと形、色をしたアリの子を野菜などとともにスープにして食べる料理をタイで食べたことがあります。あっさりした酸味のある一品でしたが、アリは蟻酸《ぎさん》を出すくらいですから、酸っぱいのも当然でしょうか。こうしてみると、昆虫は結構よく食べられていることがわかります。近い将来、人類が厳しい食料難に見舞われた場合、昆虫は人類を救うでしょうか。なかなかに難しい問題です。もし食料難の原因が気候変動などにあるとすれば、その影響は昆虫界にも及ぶことでしょう。

植物の中にも貴重なたんぱく資源になるものがあります。たとえば大豆は植物の中では例外的に高たんぱく質の食品です。コムギにも高たんぱくの品種があります。強力粉と呼ばれている小麦粉は硬質コムギから得られます。脂質もたんぱく質同様、さまざまな動物性の食材から得られますが、一部は植物性です。ダイズやアブラナ、ゴマ、ヒマワリなど多岐に及びます。

農耕が始まって約一万年。糖質は全世界的にみて穀類など栽培植物への集中がすすんでいますが、たんぱく質と脂質については地域差がおおきいです。欧州などユーラシアの中央部から西半分と新大陸の大半の土地（極地を除いて）では、家畜という、「人が作った動物」が使われますが、島しょ部や沿岸部、ユーラシア大陸の東岸では、魚などの天然資源がそれを支えています。

三大栄養素は同じところで生産されてきた

食物連鎖ということばを聞いたことがあるでしょう。動物も植物も、あらゆる生きものは他のいのちをもらって生きています。動物たちのうち、あるものは植物ばかりを食べることで生きています。動物の中には動物を食べて生きているものもありますが、それらも植物を食べる動物たちなので、動物を食べる動物も間接的にではあれ植物の恩恵を受けています。植物の側も、動物の恩恵を受けています。動物の排泄物や遺体が肥料になります。ヒトのような雑食動物は、植物性、動物性の食材双方を摂取します。

ここでは、食にかかわるところだけを考えましたが、酸素と二酸化炭素の交換など別の面も併せ考えると、動物と植物との相互の依存関係がもっとよくみえてくると思います。ともかく、地球上のおおくの生きものは食物連鎖の中で生きています。そして食物連鎖でのつながりとは、命の交換を意味します。つまりどの生きものも他の生きものの不要物やいのちをもらって生きているし、また自己の生命活動で要らなくなったものや自己のいのちをささげている、ということです。

食物連鎖は、動物と植物が一緒にみられるところならどこにでも成立しています。たとえば日本ではおなじみの水田もまた、そのような場の一つでした。でした、と過去形で書いたのは、日本の水田が一九六〇年ころを境におおきく変わって、いまではだいぶ様相が変わってきているからです。滋賀県の湖東地方、つまり湖の東側に広がる平らな土地では、水田は水路でつながり、その水路は琵琶湖の本体の縁《へり》に並ぶ潟湖《せきこ》とつながっていました。これらの潟湖には、ヨシなどの水生植物が密生しており、田んぼからくる泥水を「ろ過」しています。彼ら水生植物にとって

図５　スラウエシの水田中の養魚池

は泥を含む田からの水は栄養に富み、生育にとって都合がいいのです。春先、湖本体にいたフナなどが潟湖に入ってくるころ上流の水田では代掻《しろか》きが始まり、泥を含む暖かい水が潟湖に流れ込んできます。泥水の流入をシグナルとしてキャッチしたフナは水路をさかのぼって水田に達し、そこで卵を産みます。水田と水路でつながる潟湖が米と魚の生存の舞台です。米と魚は、また、食卓の上でも一緒に並びます。米と魚のマリアージュでしょうか。こうした組み合わせを、「米と魚」のパッケージと呼ぼうと思います。

「米と魚」のパッケージは日本に限ったものではありません。インドネシアのスラウェシ島のトラジャというところで、面白い光景をみたことがあります。スラウェシ島も日本列島の島々と同じく急峻な山が海に迫り、平地の少ない島です。水田もありますが、おおくが山地を開いて作った棚田になっています。その棚田の一角で調査をしていたとき、わたしはとあることに気づいたのです。どの田にも、直径が数メートルの丸い仕かけがあるのです（図5）。聞けばそれは田の中におかれた養魚池だとのことでした。写真は、稲刈り後に撮影したものなのでイネは写っていませんが、田にイネがあるときにはこの丸い仕かけの中にはたくさんの魚がいたのだそうです。ここでは、稲作の期間中、田は養魚地の役目も果たしているのです。そしてここでも、イネと魚とは共存関係にあるのです。

このような共存関係はアジアに限ったものではありません。欧州では、中世になると「三圃《さんぽ》式《しき》」という農業のスタイルが広まります。村の畑を三つに区切り、うち二つにはカブなどの夏作物とコムギなどの冬作物をそれぞれに植えます。残りの一つは、家畜を放す放牧地です。この放牧地も、前年か前々年には夏作物か冬作物が植えられていたところです。放牧地に放されていたのはヒツジやヤギなどの群れをなす家畜（群家畜）でした。栽培される作物、放牧地は毎年変えられる輪作のシステムが取りいれられていました。

こうしておくことで、二回作物を植えたことで落ちた地力を回復してやることができました。家畜たちにとっても、ムギ畑の切り株や残された草などを食べることができました。欧州の大地は、アジアのそれと違って土が痩せています。旺盛に生育する草のなかまもそれほどおおくありません。家畜の放し飼いは農業生産を上げるうえで重要な働きをしてきたのです。和辻哲郎はその著書『風土』（一九三五）のなかで、「欧州には雑草がない」と書いていますが、このことをいっているのだと思います。

現代欧州でも、三圃式以来の家畜と農作物の関係は基本的には変わっていません。現代の欧州、特にアルプス以北では、畑の生産物として、人間の食料であるコムギなどと、家畜の飼料であるトウモロコシや牧草が作られます。つまり現代欧州では家畜のえさを生産するのは農業です。ここが、北海道を除く日本の農業とおおきく違うところです。牧畜というなりわいは、遊牧と農耕のハイブリッドであるということができます。そして畑だけではなく皿の上でも、麦などの穀類とミルク、肉が一緒に乗るのです。「麦（ジャガイモ）とミルク（肉）」のパッケージといったところでしょうか。さきほどの「米と魚」のパッケージなどと合わせ、これらのパッケージを一般的に「糖質とタンパク質」のパッケージと呼ぶことにしたいと思います。

塩という食材

ヒトが生きていくうえで必要なものは五大栄養素に限りません。水や塩（食塩）などの無機物（ミネラル）もまた必要です。このことはヒト以外の動物にとってもおなじです。遊牧民たちは彼らの家畜が岩塩が露頭したところ（塩場《しおば》といいます）に自発的に向かうことを知っています。野生動物も同じです。日本でも、近畿地方のある私鉄は、山間部を走る路線で、野生動物が電車にぶつかる事故の多発に悩まされています。シカなどが、レールを舐めに来て電車に接触するのです。この場合は、動物たちは鉄分補給に来ているものと考えられます。

食塩はどの栄養素にも含まれない食品です。しかも砂糖とは違って代替するものがほとんどありません。ですから食塩はむかしから国をまたいで交易の対象とされていました。それができない土地には、人は暮らすことができませんでした。

化学的に塩《えん》というとき、さまざまな塩類がそこに含まれます。塩類とはナトリウム、マグネシウムなど金属イオンに塩素イオンが化合したものをさします。わたしたちの身体に必要なものは主に、ナトリウムと塩素の化合物である食塩です。本書では塩といえばこの食塩を意味するものと考えてください。

塩には、食品としていくつかの重要な働きがあります。詳しくは拙著（『塩の人類史』、NHKブックス）を参照していただくとして、あらましだけを書いておくと、まず、塩分の供給です。人体にはある量の食塩が必要です。食塩に含まれるナトリウムが不足すると細胞はきちんと機能せず、最悪の場合、死に至ることもあります。ほかにも、殺菌、保存、調味、不要な水の除去などに欠かすことができません。

図６　ザルツブルグの塩鉱床・地底湖の湖面に天井の岩肌が写っている

このように、生存に欠かせない食塩を得るのに、人類は、大変な努力を払ってきました。海に近い土地の人びとは、食塩を海水から摂ることができました。けれど、大陸内部の人たちにはこの手が使えません。しかし、先にも書いたように大陸の奥地には、「岩塩」を産するところがあります。たとえば、中央アジアの広い地域には、地下に厚い塩の層があるといわれています。欧州にも、地下に巨大な岩塩の鉱床をもつところがあります。オーストリアのザルツブルグはまさにそうした土地の一つです（図６）。ドイツ語で「ザルツ」は塩、ブルグは城。そう、ザルツブルグとは塩の城という意味です。この町は紀元前から塩を生産しており、それによる巨大な富を蓄積していたのです。塩を、産する土地から消費する土地へ運んだ街道が各地にあったことが知られています。「塩の道」がそれです。

食塩は人間の生存には欠かすことのできない食材です。それなのに、現代に住むわたしたちはそのことを忘れて、とかく邪魔者扱いにすることがおおいのです。前項で触れた糖質もそうでした。二〇〇八年〜二〇一二年ころ流行ったテレビ・コマーシャルの中に「余分三兄弟」というのがあって、三兄弟には塩分と糖分が含まれていました。ずいぶんひどいいい方もあったものだとわたしは思っていましたが、人類はいまでこそ余分にみえるその三兄弟を得るために、命がけのたたかいをしてきたのだということを忘れないようにしたいと思います。

運ばれた食材

農耕が始まる前の人類社会では、人びとは、その土地にある食べものをとって食べていました。後に述べますが、人類が地球上のあらゆる場所でとれた食材を手にいれるようになったのはわずか五〇〇〇年ほど前のことにすぎません。

野生の動植物も移動はしますが、その速度は人類や家畜、作物の移動に比べるとゆっくりしたものでした。また移動範囲も限られていました。もちろん、種子などは風に乗って遠くまで飛ばされたりもしましたが、高い山や広大な砂漠、大海原を越えて移動することはまれでした。動

図７　野生イネの穂

物は植物よりも移動能力は高かったでしょうが、それでもその速度は人が動植物を運ぶようになってからの時代に比べれば遅々としたものだったと思われます。例外は、鳥の渡りや魚類の回游ですが、彼らとて新天地に向かって分布を広げるというよりは、行ったり来たりの往復運動だったのです。

農耕や遊牧が始まると、人間が動植物を積極的に運ぶようになります。とくにイネ（米）（図7）やコムギ穀類は早い時期から遠くにまで運ばれていました。例えばイネは数千年前に中国東部でうまれましたが、その四〇〇〇年後には中国の南半分の地域から東南アジアにまで伝わり、さらに六〇〇〇年後には欧州を含むユーラシアの広い地域に広がりました。キビやアワも、同じような広がり方をしています。ただし、イネがユーラシアの南半分を中心に広がったのに対し、アワやキビは中央部を西進しています。いっぽう、コムギなどの麦類は、やはり数千年前に西アジアで発祥し、ユーラシア大陸の中央部を東進して、発祥四〇〇〇年後には中国に達しています。麦類が他の穀類より早く移動したのは、たぶんこれらが遊牧民によって運ばれたためと思われます。家畜もまた遊牧民によって運ばれたと考えられます。彼らの移動は、イネを含む他の穀類よりもっと速かったことでしょう。

世界は一六世紀半ばの大航海時代によっていっそう狭くなりました。ヘロドトスによると、それまで、ユーラシアの人びとは、東西両端に成立した文明について、互いにその存在を知ってはいましたが、その相手のことは大部分が謎のベールに包まれたままでした。アフリカのことは、エジプトを含む地中海側の土地は比較的よく知られていましたが、その奥についてはまったくの未知の土地だったのです。新大陸など、その存在すらも知らない時代が長く続いたのです。もちろんアフリカはアフリカで、新大陸は新大陸で、そこに住む人びとは隣人のことはよく知っていたでしょう。しかし彼らにしても、欧州もアジアも知の地平線の向こうにあるものだったのです。もちろん、大陸の間を単発的に旅した人はいたかも知れません。でも、彼らは、見聞きした地平線のかなた、つまり異界のことを記録に残すことをしませんでした。彼らの貴重な体験は語り継がれることなく消えていっていたのです。

大航海時代の到来は、食材の世界を一変させました。新大陸（南北アメリカ・オセアニア）と旧大陸（アジア・ヨーロッパ・アフリカ）の間での、食材の交換が始まったのです。これを「コロンブスの交換」（表1）と呼ぶ人もいます。むろん、それによって世界の人すべてがその影響を受けたわけではありません。しかしコロンブスの交換から一、二世紀の間に、おおくの人がそれら異郷の食材を知ることになります。いまではイタリア料理には欠かせないトマトや欧州、とくに北部欧州の人びとの命を支えているジャガイモ、日本でも、食文化を変えたサツマイモ、唐辛子などは、すべて新大陸からもたらされたものでした。さらに世界の食をおおきく変えることになったトウモロコシもまた、新大陸のうまれです。反対に新大陸には、米や小麦が流れ込んだのでした。大豆もこの時代以降に新大陸に伝わります。そしていまや大豆の大生産地といえば、米国やブラジルなど新大陸なのです。

表１　「コロンブスの交換」の例

		旧大陸生まれ	新大陸生まれ
家畜		五畜（ヒツジ、ヤギ、ウシ、ウマ、ラクダ）、ロバ、ウサギ、ブタ、トナカイ、ヤク	リャマ、アルパカ、アライグマ、テンジクネズミ、アライグマ
家禽		ニワトリ	シチメンチョウ
作物	穀類	イネ（コメ）、コムギ、オオムギ、ライムギ、エンバク	トウモロコシ
	イモ類	タロイモ、ヤマイモ	ジャガイモ、キャッサバ
	マメ類	ダイズ、ソラマメ、アズキ	ラッカセイ、インゲンマメ
	野菜など	タマネギ、スイカ、ダイコン	トマト、カボチャ

第3章　人として食べるもの

人は栄養のためだけに食うにあらず

人にとって食べるとは、必要な栄養素や物質を補給するというだけのことではありません。食べるという行為には空腹感や、「おいしい」という思い、「きょうはあれが食べたい」という欲求が必ずついて回ります。あるいはお正月などの行事や祭りの際には、そのための食事——行事食を食べるのが習わしになってきました。行事食の場合、採算はしばしば度外視されます。例えば、日本の関西地方の正月の雑煮にはかならずといっていいほど「祝いダイコン」(図8)といわれるダイコンが使われます。太さはせいぜい三センチほど、長さも二五センチどまりで、ダイコンとしては小ぶりです。それなのに結構の値段がします。なぜたかがダイコンにそれほども気を遣うのでしょうか。関西では行事や祭りにあたって「縁起」を問題にします。正月を寿《ことほ》ぐ雑煮にい

図8　祝いダイコン

れる野菜なのですから、丸い形が好まれました。丸い形は「円満に暮らす」「角が立たない」に通じるというわけです。しかし普通のダイコンを雑煮にいれようと思うと、イチョウに切るしかありません。それでは鋭角の角ができてしまいます。「正月早々、角の立つのはかなわない」ということで輪切りにしても角ができない細いダイコンが好まれたというわけです。

　もうひとつ似た例を紹介しておきます。これも京都の例ですが、市内の東のほう、東山という山のふもとにある「安楽寺」が毎年七月二五日におこなう「かぼちゃ供養」という行事に出される「南瓜炊き」という料理を紹介しましょう。南瓜炊きに使われるカボチャは「鹿《しし》ケ《が》谷《たに》カボチャ」といわれる、ヒョウタンのような形のカボチャです。ヒョウタンのようといっても、表面は普通のカボチャ同様、硬くごつごつしています。このカボチャ、いまの甘く味の濃い西洋カボチャに慣れた舌には少々物足りません。水っぽい感じがするし、やや青くさい感じさえするのです。もちろんうまさに絶対はなく、それがカボチャの味なのだといわれればその通りではありますが、このカボチャ、とても高いのです。わたしがしばしば訪れる京都市内の八百屋さんでは一個二五〇〇円から三〇〇〇円します。

高いなあ、とこぼすと、店の方は、

「かぼちゃ供養に行ってもらってこのカボチャを食べたら、その年は中風にならんといわれているんやで」

と胸を張っていうのです。そう、かぼちゃ供養のカボチャは、うまいかどうかではなくその鹿ケ谷カボチャでなければならないしきたりなのです。

こうした公の行事の日の食ばかりでなく、それぞれの家庭でも、何かの記念日や節目の日、またはその前日にごちそうを食べたりします。入学試験の前の日に、「試験に勝つ」という縁起を担いで「かつ丼」を食べるなどがそれです。反対に、何かの成就を祈願して塩を断つなどの習慣もかつてはみられました。

このような例をみると、人類の食が、栄養摂取のため、あるいは生命維持のためだけのものではないことがわかります。家族や社会の約束事を思い出すために、あるいはその再確認のために、何かを食べたり、ごちそうを食べたりすることもあるのです。

アルコール

アルコールは、生存にとって必須ではありませんが、それなしには済ますことができない食品のひとつです。アルコールはいまでは工業的に生産されていますが、酵母菌などアルコール発酵をもたらす菌が作り出す副産物であるアルコールを利用していたのです。つまりアルコールは、アルコール発酵する菌の排泄物を利用したものということになります。人もまた、他者の排泄物のお世話になっているのです。

アルコールを生産する微生物はいくつもありますが、人間がよく利用してきたのが先に書いた酵母菌です。これはブドウ糖などの糖を分解してアルコールを作り出します。糖をもたらすものはいろいろです。たとえば、イチゴやベリーの仲間などの漿果《しょうか》、リンゴやモモなどの果実、ハチミツ、乳糖を持つミルクなどなど。クリのような堅果《けんか》や穀類など、でんぷんもまたそのひとつです。ただしでんぷんはそのままでは使えません。でんぷんを糖に変える糖化という過程が必要です。

糖化にもいくつかの方法があります。もっとも広く用いられているのが植物の種子にある「でんぷん糖化酵素」を使う方法です。そもそも種子に蓄えられたでんぷんは、発芽の時のエネルギー源になるものです。発芽のスイッチが入ると、種子の中ではこの酵素が休眠から覚醒し、胚乳に蓄えられたでんぷんを糖に変えてゆきます。麦芽は発芽直後のオオムギの幼苗《ようびょう》を乾燥させ、すりつぶして作りますが、その甘さはこの糖化酵素の働きのおかげです。ビールのアルコールはこの糖を使って作られます。さきほど、最も広く用いられていると書きましたが、それは、種子の発芽にはおよそこの方法が用いられているからです。

第二の方法はいわばアジアの方法です。それはカビの仲間である麴菌を使う方法です。実はカビの仲間の菌はでんぷんにとりつくと、それを糖に分解する働きをします。炊いたり蒸したりした米やイモなどに麴菌をふりかけると、でんぷんが糖になるのです。甘酒の甘さはここからきています。この方法はカビが生息する高温で湿潤な風土に特徴的な方法で、麴菌を使った発酵食品は実に多彩です（6章104ページ参照）。

第三の方法はすこし特殊です。人間の唾液が使われるのです。人間の唾液にはでんぷんを糖化する酵素が含まれています。ご飯などをよく嚙むと甘く感じられるのはそのためです。よく煮るか蒸かしたイモなどを、製造に携わる人がすこし取り口に含みよく嚙みます。するとその人の唾液中のアミラーゼが作用して糖（麦芽糖）ができます。口の中のものを残りのでんぷんの上に吐き掛けてやると、アミラーゼの働きででんぷんが順次糖に代わってゆくというわけです。その後アルコール発酵する菌を与えれば酒になるという仕組みですが、「口嚙み」、といわれる方法がこれです。この方法はすこしびっくりです。できたアルコールにはその「だれか」の唾液がそのまま含まれるからです。したがってこうした文化を持つ土地でも、その役にあたることができるのは若い女性に限られるのだそうです。なお、口噛みによる酒は古代の日本にもあったようです。奈良時代に編纂された『古事記』や『風土記』に、口噛み酒を思わせる記述があるといいます。

　これらの方法で作られた酒は、しかし、あまり長持ちしません。放っておくと腐ってしまうことも多いし、酢酸菌のようにアルコールを食べて酢（酢酸）にしてしまう菌により、酢になってしまうからです。現代日本に住むわたしたちはアルコール飲料がほかの食料同様、いつでもどこでも手にいれられるという錯覚に陥っています。多種多様な飲料が、殺菌され手ごろなサイズの瓶や缶にいれられ、ある場合には冷やされ、栓を開ければ飲める状態で一日二四時間売られているのを知っています。でもわずか一〇〇年前まで、酒は徳利をもって酒屋に買いに行かねばなりませんでした。それ以前は、自分で醸《かも》す（麹菌を使って酒をつくること）以外、酒に接することはなかったのです。それでも穀物の酒ならば、穀類を蓄えておきさえすれば醸すこともできたでしょう。でも、穀類が安定的に供給されるようになる前、縄文時代やその後すぐの時代には、漿果や果実の酒が中心でした。これらには明確な季節があります。主には秋です。この時代にはアルコール飲料は季節のある食品だったのです。ワインは常時飲めるではないか――そう思われるかもしれません。確かにいまはそうですが、ろ過や火入れ、添加物の使用といった現代の技がない時代にはそうではなかったのです。毎日のように酒を飲む暮らしなど、夢のまた夢だったのです。

　その空白を埋めたのが蒸留酒でした。蒸留酒は醸してできた酒を蒸留して高濃度のアルコールをとったものです。アルコール濃度が高いことと、もうひとつ熱を加えたことで殺菌が行き届いたなどの理由から、蒸留酒は保存が効きました。

昔の人びとはどれくらいアルコールを摂取していたのでしょうか。むろんそのような統計はないし、詳細はわかりません。一般に、食べるものに関する統計データは信頼に足るデータが少ないのです。特にアルコールについては密造の問題があって、表に出てこないものがかなりあると思われます。

香辛料

香辛料とは、香りづけのため、あるいは他の食材の悪臭を消すため、さらには消化器官に働きかけて食欲を増すなどのために使われるおもに植物由来の食品です。また、食品の腐敗防止にも使われてきました。具体的には、コショウや実山椒のような種子、ニッケイのような樹皮、ショウガやワサビなど根または地下茎、クローブなどの花芽、トウガラシなど果実、などでしょうか。おおくはこれらを乾燥させて、さらに粉にするなどして食品に添加します。それ単独で食べられることは、――薬としての使用はともかく――あまりありません。香辛料の定義はかなりあいまいです。英語にすれば「スパイス」がもっとも適当でしょうか。ハーブの語もありますが、ハーブにも明確な定義はありません。ある場合は野菜として食べられ、また別な場合はハーブとして使われるものもあります。日本語でハーブとされるものは、植物の葉や若芽などを乾燥させたものをさすことがおおいようです。パセリ、ローズマリー、タイム、ミントなどがよく耳にするものでしょうか。ここでは、香辛料の語を広い意味にとって書くことにします。

香辛料には五大栄養素としての栄養価はあまりありません。しかしここが五大栄養素の考え方の問題なところで、食品として機能し、例えば食欲増進、風味付けなどの機能を発揮するならば、それも立派な栄養素として考えるべきでしょう。

香辛料と呼ばれる食材の原産地は世界各地に広がっています。世界最大の香辛料ともいわれるトウガラシはメキシコなど中南米原産、胡椒《こしょう》はインド、ナツメグはインドネシア、といった具合です。さらに大航海時代以後、欧州に運ばれてそこで定着し世界的な香辛料となります。コショウ、クローブ、オールスパイス、カルダモン、ニッケイ（シナモン）などがそれです。

また各地に、いくつもの香辛料を混ぜて作った「香辛料のセット」があります。インドにおけるマサラ、中国の五香粉、欧州のブーケガルニなどがそれです。セットにすることで、単品の香辛料の効果が増幅されるのでしょう。中国には、この五香粉以外にも、たとえば四川省から湖南省あたりに広がる「麻辣《マーラー》」が知られます。「麻《マ》」は実山椒のこと、そして「辣《ラ》」はトウガラシのこと。この地には古くから麻がありましたが、そこに一八世紀ころに辣がやってきてセットになったものと思われます。麻を食べると舌先がしびれるような感覚を覚えます。麻は麻酔の麻なのです。いっぽう辣を食べると痛みのような感覚を覚えます。この地方の人びとは、この二つの香辛料を混ぜて新たな「辛味」を作り出したのです。

現代日本にもまた、いくつかの香辛料を混ぜて作られた「香辛料のセット」があります。七味はその代表ではないでしょうか。また、湯豆腐に載せるショウガと刻み葱、料亭などで食前にだされる「香煎」にも、セットになった香辛料が使われることがあります。香辛料の原産地は世界中に広がっています。それらが組み合わされて香辛料の文化ができたのは、食のグローバル化の賜物のひとつといえるでしょう。

日本の食文化の中で、香辛料はむしろそれほど重要ではありませんでした。魏志倭人伝の中にも「有薑橘椒蘘荷不知以爲滋味」（「薑《しょうが》・橘《たちばな》・椒《さんしょう》・蘘荷《みょうが》あるも、以て滋味をなすを知らず」）とあって、当時の人びとがこれらを食べていなかったことがわかります。もっともこれらは現代では薬味として使われますから、のちの時代になって食べられるようになったということでしょう。また、食品を巻くというのではありませんが、タデの葉をすりつぶして酢につけたタデ酢は川魚を食べる際のソースにしますし、赤タデの双葉は刺身のツマにされます。刺身のツマのように添え物として使われる食品としては、ほかにシソ、ワサビ、ミョウガ、ショウガなどがあります。シソは葉も使いますが、花の部分も添え物に使われています。香りを楽しむということが主なのでしょうが、その背景には何らかの薬理効果が隠されているのかもしれません。香辛料というカテゴリーには属しませんが、いっぽうで日本には植物の葉で巻く食品があります。それぞれの食品がどの時代からあるのか、詳しいことは分かっていませんが、サクラ、ササまたはタケ、ショウブ、マコモ、ハス、カシワ、サルトリイバラ、カキなどが使われてきました。巻かれる対象となるのは、菓子、魚、米または餅など、こちらもまた多様です。このように考えてみると、日本の食文化の中では、食品の直接接する、あるいは場合によっては口にいれるさまざまな植物性の素材が生かされてきたことがわかります。

嗜好品

嗜好品も定義の難しい食品ですが、「必須ではないが、あれば食を豊かにしてくれるもの」というような意味で使われることがおおいようです。しかしわたしはここに、「強弱を問わず習慣性があって、時には毒として作用する」という一言を付け加えるべきだと思っています。毒ならば摂取するのをやめればよさそうなものですが、毒とはいえ、毒はしばしば薬にもなります。そしてその常習性のために、簡単にはやめることができない面もあるのです。

世界に広まった嗜好品はどれも比較的あたらしいのです。お茶も、いまでは世界中で飲まれている飲料ですが、これが世界に広まったのはせいぜい五〇〇年前のことです。もとは中国はじめアジアのものでしたが、欧州に入ったときには紅茶のかたちになっていました。つまり、発酵食品になっていたのです。それ以前の茶は中国うまれですが、日本には古代に伝わり、その後中世晩期に入って茶の湯という独特の文化となって大いに発展します。

コーヒーはそれよりさらにあたらしいようです。欧州にコーヒーが伝わった時、真っ先にこれを受けいれたのは貴族階級の若者たちでした。バッハ作曲の「コーヒーカンタータ」では、貴族の娘がコーヒーを飲むのを父親にとがめられ、なぜコーヒーはだめなのかと不平をいうくだりがありますが、コーヒーが新参であることがよくわかるエピソードです。バッハのこの曲は一八世紀の曲ですから、彼が住んでいたドイツにコーヒーが入ったのは一八世紀の初めころだったのでしょう。

嗜好品という分類が適当かどうかと疑問を持つ読者もおられるかもしれませんが、砂糖もまた嗜好品の一つです。砂糖は糖分を供給する食品のひとつです。先に書いたように、糖分はエネルギーの供給源として欠かせない栄養素です。世界の各地にさまざまな糖分の供給源があります。でんぷんを別として考えても、ハチミツ、漿果や果実、麦芽、ミルクなどなどです。日本では古代には甘葛《あまかずら》といわれる食品（つたなどツル性の植物の茎から採った甘味料）がありました。また、米や麦芽から作られる水あめも、でんぷんと違い食べると体内で速やかに吸収されます。血糖値がすぐ上がって元気に活動できるというわけです。しかしこれらの食品は季節性がありますし、しかも貴重品です。輸送性も高くありません。

そのようなとき、砂糖が発明されました。サトウキビの樹液を絞って煮詰めたものです。砂糖の貿易は世界史を変えたとさえいわれます。英国など欧州を出た交易船は武器などを西アフリカに運びます。運ばれた武器は奴隷の徴用にも使われ、徴用された奴隷はカリブ海諸島に運ばれてそこで砂糖生産に従事させられたのです。一部の奴隷たちは米国本土に連れてゆかれ棉花栽培に従事させられます。砂糖や棉花は英国本国に運ばれました。砂糖は紅茶のお供として当時急速に需要が高まっていました。棉花は当時英国で勃興したばかりの産業革命に活力を与えたのです。欧州、アフリカ、北米三つの大陸を結ぶ交易は三角貿易ともいわれ現在の経済グローバル化の元祖のようなものです。そして砂糖は間違いなくその立役者の一人なのでした。

砂糖の爆発的な普及の陰には、その悪魔的な甘さがあったようです。白砂糖の甘みは強烈です。単に食品を甘くするばかりか、甘味料としてそれ自身の保存も効くのです。それになにより、砂糖漬けのように食材の保存も可能にしました。まさに魔力的な魅力をもつ食品だったのでしょう。

砂糖は日本には南蛮船によってもたらされます。最初のうちはとてつもなく高級品で、砂糖を口にできる人はわずかでしたが、やがてそれは庶民にも普及してゆきます。長崎に輸入された砂糖は海路上方、江戸へと運ばれましたが、一部は長崎から博多にかけての街道沿いの町に伝わり、様々な砂糖菓子や料理がうまれました。その名残は長崎から小倉までの「シュガー・ロード」(図9)としていまにその名残をとどめています。そういえば北部九州には名の通った銘菓がいくつもあります。長崎のカステラ、小城《おぎ》(佐賀県)の小城ようかんなどです。ほかにも日本で初めてポルトガル商館がおかれた平戸にも古い菓子がありますし、長崎などではてんぷらの衣に砂糖をいれる「長崎天ぷら」が知られるくらい、料理が甘いといわれています。

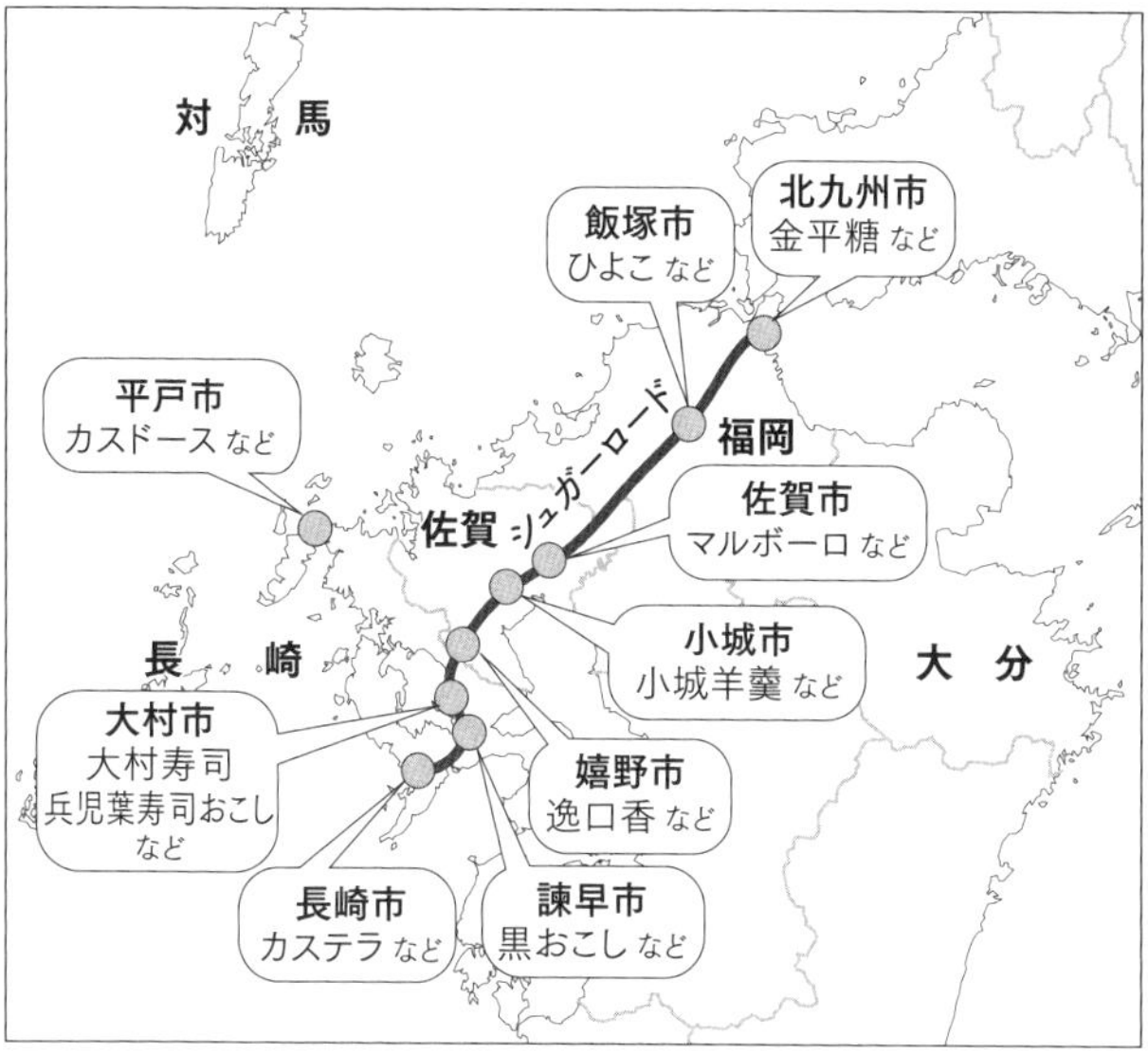

図9　シュガーロード

本項では、さきに「毒」の語を用いました。「毒」とは穏やかでないと思われるかもしれませんが、世界には絶対的な毒はそうおおくありません。同じく、絶対的に身体によいというものもありません。ほとんどの存在は、毒にも薬にもなります。白砂糖は、わずか三〇〇年ほど前までは超高級品で滋養にもなる薬の扱いでしたが、最近では摂りすぎが健康を害するという研究者もいます。塩もまた同じです。その確保のために命がけのたたかいをした人がいるくらい生存にとって必須の物質ですが、これもまた最近では摂りすぎの健康障害が繰り返しいわれています。またさらに最近になってとくに盛夏の熱中症が問題になっていることから、「適度な塩分」といういい方に変わってきています。何事も、行き過ぎは禁物ということだろうと思われます。

食を飾る素材

人間が食べるとき、食物を器に盛ったり、飾り付けたりします。食を飾るのは人間だけだと思われます。食器については次に詳しく書くことにしますが、飾り付けはさまざまな方面に影響を及ぼす行為です。まず、建物や部屋を飾ります。レストランなどでは玄関の調度にも気を遣っていますし、個室のある店では掛け軸や置物、生け花などにも気を配ります。メニューの表示のしかたにも工夫がみられます。それからテーブルやその上に広げられたテーブルクロス、あるいは銘々膳の上にも世界がひろがります。

こうした演出を「粋《いき》」に感じるには、客の側にそのメッセージを受け取るセンスが必要です。

受け手にそのセンスがなければ主人のメッセージは単なる雑音、あるいはごてごてした装飾としか受け取ってもらえないでしょう。ここ数年、外国人観光客が和食のお店を訪れることもおおかったようですが、和食がもつこのようなメッセージはなかなか伝わりにくいと思います。外国人観光客の中には、懐石料理の手の込んだ料理の意味が分かりづらいと感じる人がいるといいます。日本人にとっても、創作料理などという料理の中には、素材の組みあわせが分からないものや、そもそも何を味わってほしいといっているのかがよく理解できないものも結構あります。「作りすぎ」ている側面はあると思われます。

　では、和食のメッセージを外国人に伝えるのは無意味なことでしょうか。わたしはそうは思いませんん。「花言葉」は、日本文化にはなかったものですが、いまではかなり浸透してきています。誕生石もそうです。これらは以前の日本社会にはなかった習慣です。最初はわからなかったものが、あれこれ説明を聞いて勉強してわかるように努めてきたわけです。ただ、外来のものには気遣いをするけれど自分たちのもののよさを説明しないのでは、かつての「脱亜入欧論」や「舶来」偏重の思想と変わらないように思うのです。

　和食の文化は、植物性の素材をよく使う文化だといえます。「木の文化」「草の文化」などといわれるゆえんです。食に限らず、衣も、住も、植物素材をよく使います。食では、たとえば会席（懐石）料理には、季節の花や葉、ササ、タケの茎（稈＝かんといいます）などがしばしばつかわれ

a

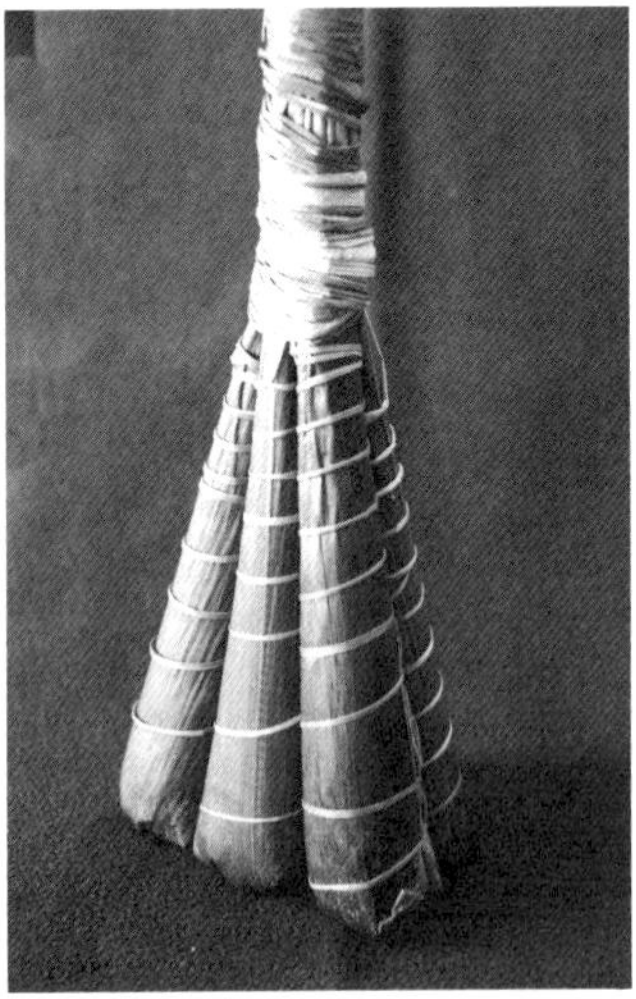

b

図10　和食の飾り

ます（図10a）。花は季節をあらわします。刺身に、キク、ツバキ、サクラなどの花をあしらうのは、季節をあらわすためです。葉は、食品を巻くのに使われます、サクラの葉で巻いた桜餅（図10a）、ササの葉で巻く粽《ちまき》（図10b）や富山の「鱒のすし」、柿の葉で巻く「カキの葉寿司」、シソの葉で味噌などを巻いた「紫蘇巻き」など枚挙にいとまがありません。最近では、このような飾りに使う花や葉の生産は、いまやそれ単独で成り立つビジネスに成長しつつあります。徳島県の剣山地にも天然の樹木の葉などを採集して販売するビジネスがありますが、関西や東京の料亭などからのリクエストがひきも切らないといいます。

植物利用の文化は食器にも及びます。椀は木で作られるものがおおいですし、箸や匙も木や竹が中心です。木は、石や焼物、ガラスなど他の素材に比べると水に弱く、長持ちしません。そのためでしょうか、ウルシという植物から作る「漆」を塗る文化が育ちました。こうして作られるのが「漆」または「漆塗り」、あるいは単に「塗り」です。漆の塗膜は、水にはむろん、アルコールにも酸にもアルカリにも強いのです。液体を盛る食器にはまたとない素材といえます。

このように考えてみると、人類の食は、単に栄養を摂り命をつなぐだけのものではなかったことがわかります。人と人との紐帯を強め、生きることに潤いを与え、文化を育てました。そしてさらには料理し人に提供することによって自らの知識を豊かにし、技術を磨き、そして芸術のセンスを高めていったのです。食文化という語の「文化」には、このような意味が込められているのだと思います。

第4章　食材を手にいれる

なりわいいろいろ

文明以前の人類が、自分が食べるものは基本的に自己責任で手にいれていたことは説明しました。食材の入手も自己責任だったわけです。それは、おおくの狩猟・採集文化の社会でごくあたりまえのことであったと思われます。しかし、人類はここ一万年ほどの間に、農耕、遊牧というなりわいをあらたに始めます。どちらも、狩猟や採集だけでは自分たちの食を賄いきれなくなったことによる発明でした。ある土地の天然資源が支えることができる人口を「人口支持力」といいます。地域の人口が人口支持力を超えると食料不足が起きます。人口の増加が、食材の入手にすこしでも計画性を持たせようとした結果なのでしょう。

農耕による食料生産は、人口支持力を拡大しました。それにつれて狩猟・採集に携わる人びとの割合はこの一万年の間に激減しました。世界的にみて、なりわいとして成立している狩猟・採集のなりわいは唯一漁業くらいのものでしょうか。そしてその漁業もまた、養殖という技術の発達により、陸域における農耕同様、生殖の管理がすすみつつあります。そして長い目でみると、海の天然資源はその存続に黄色信号が灯っているかにみえます。詳しくは佐藤洋一郎・石川智士・黒倉寿（編）『海の食料資源の科学――持続可能な発展にむけて』（勉誠出版、二〇一九年）をみて下さい。

遊牧もまた絶滅が危ぶまれています。環境の激変などによる家畜数の減少や、政治体制の変化、異文化衝突による移動の困難さなどがその原因としてあげられます。ただし遊牧の文化は、牧畜という、農耕と遊牧の組み合わさったなりわいにその姿を変えてきています。

農耕、遊牧、狩猟・採集のうち、現代、一番おおきく幅を利かせているのが農業です。もっとも農業もすこし前からその姿をおおきく変えてきています。文明以前には自己の食料を生産するための作物栽培が農耕でしたが、いまでは他者、名も知らぬ他者の食を賄うなりわいになっています（これを農業と呼ぶことは1章5ページに書きました）。農業はやがて、ユーラシア大陸の中央部から西部にかけて展開した遊牧と融合して、牧畜というあらたななりわいとして登場します。牧畜に組み込まれた農業では、生産された食材は人ではなく家畜に食べられています。農耕もまた、その姿をおおきく変えたのです。

先にも触れたとおり狩猟と採集はなりわいとしては「絶滅危惧」の状態にありますが、どうも人類は狩りとか採集という行為がとても好きなようです。魚釣りや狩猟、キノコ狩りや山菜取りなどはレジャーととらえられ、休みになればこれらに興ずるという人が洋の東西を問わずたくさんいます。そして実際、農耕だけに自分の食をゆだねている社会は、世界のどこにもないのです。どうしてそうなのか、その理由ははっきりしませんが、そうした指向性が民族や社会を問わず存在することは、この指向性が人類に共通のものであることを示していると思われます。

人類はその後もいろいろなりわいを作り出してきました。たとえば、だれかが作った農作物を都市に運ぶ人が必要です。運ぶ量が少なければ作り手の片手間仕事でも何とかなります。しかし運ぶ量が増え、市場ができるなどすると、運ぶためのなりわいが必要になります。そうすると当然、運搬のための車や、その車が走る道路の建造が必要です。車を作る作業も、道路を作る作業も、専門化すればそれはなりわいになります。そして、これらさまざまななりわいに就く人びとのその食を提供する業種もうまれます。これもまたなりわいの一つといえるでしょう。このように考えてゆくと、なりわいの種類は社会が複雑になるにつれて、どんどん増えてゆきます。

社会が複雑になるにつれてなりわいの数も増えてゆきますが、それでも一人の人が、あるなりわいと別のなりわいを掛け持ちすることもあります。あるいは一部の遊牧民のように、ある集団が交易というなりわいを「兼業」することもあります。夏は田を耕し、冬は杜氏《とじ》として酒作りする人、または工事現場で働く「出稼ぎ」のような人びともおおくいました。もちろん、人が自由に住処やなりわいを変えること、あるいは複数のなりわいを掛け持ちすることがいつも許されていたわけではありません。日本でも、引っ越しや廃業を許可なくおこなうことは時代によっては固く禁止されていました。とくに江戸時代は、農業に就く人びとが勝手に廃業したり転業したりすることは許されなかったのです。

価値観を作った食のなりわい

いま、人類の食のなりわいがおおきく三つにわかれることを書きましたが、これらは単に食べるものを得るための手段にとどまりません。なりわいは社会のいろいろな制度や仕かけを作り、さらには人びとの価値観や考えかたにもおおきく影響してきました。狩猟や採集の暮らしは、基本的には移動生活にならざるをえません。一時的なキャンプや、あるいは定期的に人びとが集まるような、たとえば宗教的な仕かけなどをもった狩猟・採集社会はありましたが、一か所にずっととどまり続ける社会はまれです。このことは遊牧社会も同じです。家畜たちの移動に合わせて人びと自らも動く遊牧社会でも、移動が生活の原点にあります。当然、家財道具は最小限、家さえも移動可能なモバイル社会です。いっぽう農耕は、土地に居つき、そこで作物を栽培するなりわいです。それなので、土地を長期にわたって離れることも、あるいはしょっちゅう移動する仕組みを作ることもできませんでした。

こうした生産の方式の違いは、狩猟採集社会や遊牧社会と農耕社会の間に、おおきな価値観の違いをもたらしました。その一つが、土地に対する価値観の相違です。農耕にあってはある面積の土地をある期間占有する必要があります。その期間、その土地は彼、彼女のもの、または彼、彼女の「家」のもの、あるいは彼らが所属する社会全体のもの（コモンズといいます）です。むろんその土地を他人に貸し付けてものを栽培させるなどの経済行為はありますが、それとて農耕の枠組みを出るものではありません。けれどもこの土地所有の制度や考えかたは、狩猟・採集社会や遊牧社会にとってはきわめて煩雑で邪魔なものです。家畜や獲物の群れは、その土地がだれのものかなどいっさい忖度しないからです。土地をわがものとするかそうでないかは、昔から争いの種になってきました。とくに遊牧社会と農耕社会とが接していた中国の北西部や欧州の東部では、軋轢《あつれき》は数千年にわたって続きました。彼らの歴史は、農耕社会と遊牧社会の争いの歴史だといってよいほどに、両者は相争ってきたのです。

こうした争いは日本にもみられました。日本の場合は、争いは狩猟・採集社会と農耕社会との間の軋轢からくるものでした。水田稲作の渡来以降、農耕社会は土地を水田に開き、周囲の土地を里地へと作り換えてゆきました。それは、狩猟・採集の土地を確実に狭めていきました。ヤマトの王権以後の農耕の拡大の歴史はそのまま、二つの文化の争いの長い歴史だったわけです。とはいえ、争いの歴史は正確に記録されているわけではないのです。というのも、記録そのものが少ないうえ、残されている記録のおおくが農耕社会の立場で書かれたものだからなのです。記録は、記録した人の主観で書かれています。いくら公平に書いたつもりでも、人間社会には「常識」とか「規範」というものがあります。そしてこの常識も規範も、文化によっていろいろです。集落内での共同作業が前提となる水田農耕社会では、他者との協調性は重要な精神性ですが、遊牧社会ではそれほど重要視されません。遊牧の暮らしでは、個々の判断、自己責任の貫徹が生存にとって何よりも重要だからです。農耕社会の論理に立てば、遊牧社会や狩猟・採集社会の人びとの行動はなんともわがままで非協調的なものともみえるでしょう。

　ヤマトの王権は、当時列島の北部にいた狩猟・採集を中心に暮らす人びとを自分たちより劣った人びととみて、蔑み、排除しようとしました。彼らに蝦夷《えみし》の名を与えて文化的に差別するとともに、軍事的、政治的圧力を加えたのでした。蝦夷の夷《い》の字は異民族、野蛮の意味を持つ語で、一種の差別用語です。蝦夷に対する攻撃は農耕社会側からみれば「平定」であり「国家統一」の事業であったのでしょうが、いっぽう「蝦夷」と名指しされた側からみれば、それは侵略行為であったに相違ありません。中世に入ると列島の大部分は農耕社会化されはしたものの、一部には異文化を持つ人びとがわずかながら残っていたのだろうと思われます。彼らにはもはや勢力と呼べるほどの力は残っていなかったのでしょう。しかし、その気配は農村の人びとにも伝わっていたようです。各地に残る説話の中には、異文化を持つ人びとが、魑魅魍魎《ちみもうりょう》として描き出されているかのようです。鬼、天狗、山姥、その他妖怪たち。むろんそのすべてがこうした人びとであるとは限りませんが、妖怪と呼ばれた存在の中にはこうした狩猟・採集によって生計を立てていた人びとを含むと考えることもできるのではないかと思います。

大規模化した農業

そうした中で農業の規模はどんどん拡大してきました。数千年前まで、中米の一角でひっそり生えていた一片の草だったトウモロコシは、いまでは世界各地で生産されるようになり、その生産量は年間一〇億トンを超えています。コムギもイネも同じで、どちらも世界では七億トンを超える生産があります。ひとくちに七億トンといいますが、体積にすると八億立方メートルを超えます。エジプト・ギザの第ピラミッドの約三五〇基分、あるいは東京ドームだと約六八〇個分の体積になります。もし世界のどこかに米や小麦の備蓄倉庫を作るとすれば、それだけの体積の倉庫がいるということです。

生産性の高い土地では、灌漑のための施設（図11・12）、水路や貯水池が整備され、また肥料などが大量に使われます。それらを用意するのに使われたエネルギーや経費も膨大なものです。「多投入・多収穫」の農業ですが、「多肥栽培」によって単位面積当たりの収穫が飛躍的に伸びました。その反作用で、病気や害虫による被害も増えます。肥料をやったことで植物体が柔らかくなって被害がおおきくなりやすくなったこと、多肥栽培向きの品種がまだ少なく、病気などが流行しやすくなったこと、などが理由として考えられます。

大規模農業の一つの特徴が農産物の大量生産、大量運搬にあります。いまでは穀類は地球の裏側からも運ばれてきます。こうなると、いくら穀類の保全性が高いといっても、運ぶための技術、保存のための技術が求められます。たしかにこうした技術の発達には目ざましいものがあります。いまではおおくの農産物や肉、魚を、鮮度を落とさず運ぶことができるようになりました。

このように書けば大規模化した農業の未来はバラ色にもみえますが、けっしてそうではありません。大規模農業が残した爪痕が、いま地球上の各地で目立つようになってきています。中央アジアの広い地域では、大規模な灌漑農業の結果、農地の表面に塩が吹くようになり、広大な土地が耕作のできない土地になり、かつまた世界第四位の面積を誇ったアラル海はほとんど消失してしまいました。灌漑のやり方がまずかったものと考えられていますが、仮に灌漑の方法が適切であってもアラル海の消失は防げなかったことでしょう。比較的問題が起きにくいと思われてきた稲作地帯でも問題は起きています。肥料のやりすぎで土壌や水が汚染されるケースが後を絶たな

図 11　灌漑設備（回転式の散水機）

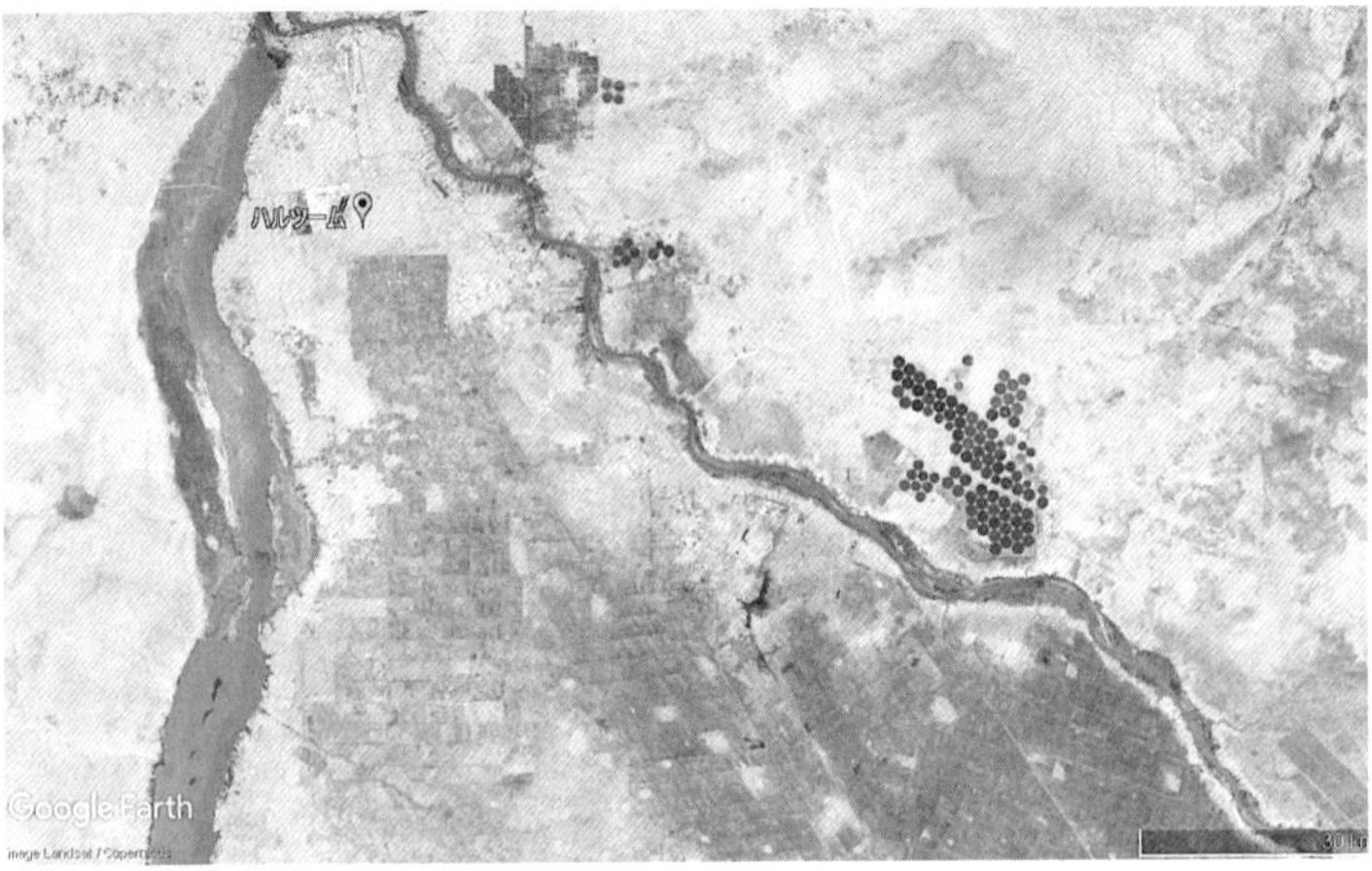

図 12　灌漑設備（写真に写る小さな円が、図 11 のような設備で散水された土地。人工衛星画像）（Google Earth より）

いのです。

もっとおおきな問題があります。それは、いまの大規模農業がとてもおおきなエネルギーを使うなりわいになっていることです。単位面積当たりの生産を支える化学肥料は、石油や電気を多量に使って作られます。輸送を支えるのも石油です。保存をよくするための冷蔵や冷凍にも電気が使われていますが、いまの時代、電気のおおくが石油に頼っています。この勢いで石油を使い続けると、いずれは枯渇することはあきらかです。こうした、エネルギー多用型の農業に対する反省も、最近ではよくみられるようになってきました。最近、エコロジカル・フットプリントという語を耳にするようになりました。この語の定義や計算方法はやや難解ですが、ある国の人間一人あたりの活動に使われた土地の面積を仮想的に割り出した値（面積）です。この面積を七〇億倍して得た値が実際の地上の総面積より狭ければ、このままの暮らしが持続可能ということになりますが、残念なことにこの値は地上の総面積の二倍を超えています。

むろん、農業だけが悪いわけでも日本だけが悪いわけでもないのですが、困ったことにこの値は先進国では軒並みおおきいのです。今後途上国が経済的な発展をはじめれば、地球全体のこの値はもっとおおきくなり、やがて人類の生産全体が破綻の時をむかえることはあきらかです。

使えるのだからよいではないかという意見もあるかもしれません。心配せずとも、未来世代はまたあらたな技術を開発してやってゆくだろうから、いまは石油に頼ればよい――そういう考えの研究者もいます。でも、人類の技術はそこまで万能でしょうか。わたしたちの予測は、どこまで信頼できるでしょうか。二〇一八年九月におきた北海道胆振東部《いぶりとうぶ》地震では、火力発電所がダウンし、一時は全道が停電するブラックアウトといわれる非常事態に陥りました。停電は長い地域では三日に及んだといいます。いまさかんに「スマート農業」がいわれ、人工知能やIT技術の導入がすすめられようとしています。「野菜工場」などといわれる、閉鎖系での野菜栽培も急速に伸びています。むかしのハウスや蛍光灯時代の設備などとは違い、いまはLEDが使われるので、電力の消費量はぐんと抑えられるようになってきたようです。しかしそれでも、万一ブラックアウトのようなことがおきればすべてが一瞬にして灰燼に帰する危険性もあるのです。

停電がどれだけおおきな被害をもたらすかは二〇一八年に列島各地を襲った台風や豪雨が証明しています。それなのに、電力を供給する側の対応には、もうひとつひっ迫感が感じられませんでした。どこか、「もともとは自然災害」といわんばかりの態度であったようにわたしにはみえました。予想外のことが起きた時に「想定外」という言葉が使われたのは、たしか東日本大震災に伴う津波被害が起きた時でした。津波の高さが防潮堤を超えたのが「想定外」だったということです。その時の技術者の気持ちはよくわかります。「及ばなかった」という後悔の念、あるいは自責の念なのかもしれません。でも、被災者にとっては「想定外」ではすまされないことが現実に起きたのです。同じ轍を踏んではならない。わたしにはそのように思われるのです。

とどのつまり食料生産の営みは、その基本の部分では、やはり、大地と水と太陽に支えられる営みであるべきだ――わたしはそう考えています。とくに、持続可能性を考えるのであれば、いかに技術が進歩しようとも、この基本原則は守られてしかるべきだと考えています。

海でのなりわい

人類はその誕生以来、陸地を拠点に活動してきた動物です。魚を獲る場であることを別とすれば、現代文明は、地球表面の七割を占める海を単なる境界としてしかみてきませんでした。そこをどう超越するかがもっぱら関心の対象であったといってよいでしょう。現代文明の価値観によれば、人類史は海と砂漠を境界と認識する歴史だといってよいほどです。けれども、それは一方的な見方というものです。海には、現代文明がおおきく発展する以前から海の文明とも呼ぶべき文明がありました。海で暮らす人びとにとっては、海は無機的な空間でもなければ単なる境界でもなく、そここそが暮らしの場、生産の場であったのです。

海と陸とが不可分に結びつき生命活動をはぐくんできたという発想はそれほどあたらしいものでもなさそうです。日本には古くから「魚つき林」という、海ぞいの森を育てる考え方がありました。畠山重篤さんたちが気仙沼で漁場をまもるために森を育てた「森は海の恋人」と呼ばれた活動もその一つです。「森は海の恋人」によると、沿岸の漁獲を育てるために陸域の森を育てることが大切です。つまり、海の資源を作るのは陸の資源なのです。

　大陸の中央部を流れる川を除いて、川は最後には海に流れ込みます。それなので海はミネラルなどあらゆるものの最終到達地になります。長い目でみれば、地上にあるミネラルなどの栄養素はみな海に下ってしまって、陸は痩せてゆくいっぽうにも思われるのです。ただ、海から陸への流れがまったくないわけではありません。そのひとつがサケなどの母川回帰《ぼせんかいき》です。魚類の中には川でうまれて海に下り、大海原で生活した後再びうまれた川に戻って遡上し、そこで次のいのちを残すものたちがいます。彼らにとって、陸域はうまれた場でもあり、また終《つい》の棲家でもあるのです。しかし終の棲家の生活は決して穏やかなものではありません。産卵を巡っての最後の生存競争の場であるばかりか、陸上の哺乳類による捕獲という危険にさらされる場でもあるのです。テレビなどによく出てくるのがクマが遡上するサケを「乱獲」するところですが、最大の捕獲者は現代ではやはり人間でしょう。クマにせよ人間にせよ、獲ったサケは陸上で食べ、陸上で排泄します。つまり、ミネラルの海から陸へという流れができているのです。

　この、海から陸への流れに関しては、海での漁獲によっておおきな貢献をしてきました。漁獲高は一九九〇年ころに九〇〇〇万トン台に達したあとは伸び悩みですが、このおおくが海の魚と思われます。そしてそれらは陸上で食べられています。ＦＡＯによると二〇一〇年の牛肉、豚肉、鶏肉の総生産高は二億三〇〇〇万トンですから、九〇〇〇〇万トンという数字は決してちいさい値ではないことがわかります。

魚は食べられるばかりではありませんでした。江戸時代から大正時代にかけて、北海道沖の日本海付近ではニシンが大量に獲れました。最盛期の取れ高は一〇〇万トンにもなったといわれます。その可食部分は加工され、京都や東京に運ばれましたが、食べられない部分は煮たあと搾って油を取りました。こうしてできた搾りかすは「鰊粕《にしんかす》（鰊粕）」と呼ばれ、北前船交易で西日本に運ばれました。鰊粕は、大坂平野で盛んに栽培されていた棉《わた》、四国で栽培されていた藍《あい》や砂糖きびの栽培に使われたのでした。先ほど、陸上のミネラルは海に流れ込むいっぽうだと書きました。鰊粕は、こうした流れに掉さすささやかな「抵抗勢力」でもあったのです。こうした、海と陸域のこのような関係を、「森里海連環」などと呼ぶことがあります。

なりわいはつながっている

いま、食料生産の技術を三つのなりわいとして説明しましたが、現在では人は食べるために、これらを包摂した、あるいはあらたにうまれた商業や工業などのなりわいを加えたさらに複雑なシステムを作り上げました。

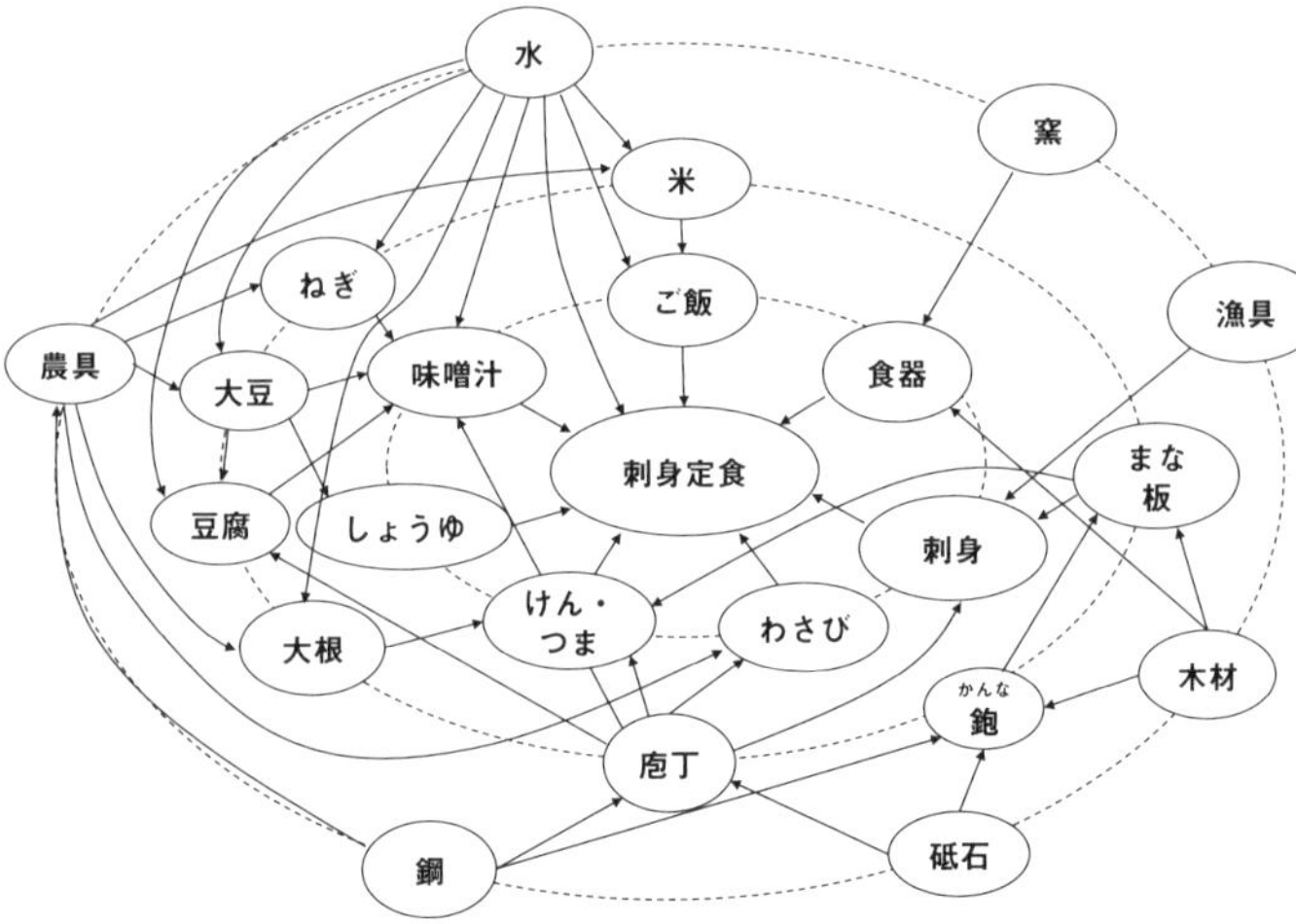

図13　刺身定食のでき方

このことをある日わたしがあるお店で食べた「刺身定食」で考えてみます（図13）。定食ですから、ご飯がつきます。ご飯のもとになる米は農家の人たちが田んぼで作ったものです。米作りはたいそう手間のかかる作業の繰り返しですが、たとえば「収穫」という作業一つをとってみても、ハーベスタという機械でイネを刈り取って脱穀し、次に乾燥機という機械にかけて乾燥させます。これら農機具が米の収穫を支えています。農機具のメーカーは、機械のパーツをそれぞれのメーカーに作ってもらっています。例えば、動力を伝えるゴムのベルトはゴムのメーカーが作ったものです。そしてそのゴムがもし天然ゴムであればそのゴムはどこか熱帯の国で生産されたゴムの木からとられたものでしょう。水田に施用された肥料も、おおくは肥料工場で石油を原料に作られたものです。いまや肥料は化学工業の産物で、最近は産油国の近くにおおきな肥料の工場ができています。

おかずの中心たる刺身（図14）は、どこかの海で獲れた鯛とマグロでした。どちらも天然の素材ということでしたので、漁師さんたちがどこかの海で釣ってきたものです。刺身はていねいに下ごしらえされ、芸術作品と思わせるまでに美しく切られ、盛りつけられています。刺身をここまで美しく切るには、よく切れる庖丁と、庖丁の切れ味を支えるまっ平らで清潔なまな板が要ります。どちらが欠けてもあの刺身はできないのです。ということは、刺身を食べるには庖丁作りの職人さん、まな板作りの会社が必要だということです。この料理屋さんの庖丁は大阪・堺の職人さんが作ったもので、芯となる本体に鋼の刃を合わせた合わせ庖丁と呼ばれる庖丁です。この鋼《はがね》こそ和庖丁の肝心かなめの部分ですが、かつては良質

図14　刺身定食の刺身

の鋼は出雲地方の「たたら製鉄」という技法で作られるものがほとんどでした。いまは鋼を生産したのはどこかの企業の工場ですが、その技術を支えているのもまた鋼作りの技術者です。まな板作りも同じで、材となる木を伐り出した人、それを乾燥後四角く削りだし成型した人など幾人もの作業を経て作られたものです。

同じく、刺身の皿に盛られた「つま」や「けん」も、野菜を切り、あるいは桂むきにむいて細かく切って作りますが、各種の野菜はそれぞれ違う土地の農家が別々に生産したものです。庖丁技については刺身同様です。醬油は、醬油工場で作られたもの、その原料となる大豆や小麦、塩、麴などの菌は、それぞれが農家や工場で生産されたものです。わさびはこの店のこだわりだそうで、伊豆で生産されたわさびを目の細かなおろし金でおろしています。そしてこのおろし金を作る職人さんが日本にはいるのです。

そう考えれば、「刺身定食」一食をつくるのに、いかにおおくの生産者か関与しているかが改めてわかるでしょう。そしてその範囲は食材を直接に生産する第一次産業の生産者だけでなく、道具を作る第二次産業の技術者や情報の伝達にかかわる人など、食とは無関係にみえる事業者もが関係していることがわかります。

なりわいが相互につながっていることは小学生でもわかるあたりまえのことではないかといわれるかも知れません。でも、現代社会で生きる人で、自らの食についてこのことを自覚している人がいったいどれほどいるでしょうか。食が高度に外部化されたいま、つながりの全容はきわめてみえにくくなってきています。とくに、うまれた時から外食、中食《なかしょく》に慣れてきた世代の人びとには、このことの理解は思いのほか大変なことなのかもしれません。なお、中食とは、スーパーやデパ地下の弁当や総菜のように第三者が作った料理を買って家庭で食べる形態です（7章123ページ）。コロナ禍以後はこれらに加えて、外食店の参入や、デリバリーと呼ばれる新たな形態も生まれ急成長しています。外食、中食に限らず家庭で調理する食べ物についても、そのおおくが何らかの加工を受けているのが現代の食の特徴です。そしてその「加工」という一本の鎖でつながった作業は、そのどこかが切れると全体が打撃を受けるという危うさをはらんでいるのです。現代社会はこの鎖が切れないようにさまざまな安全存置を発達させてきましたが、最近の人口減少やそれによる人手不足などにより、その安全装置が十分機能しないリスクが高まってきています。二一世紀は災害の世紀ともいわれます。これからもおおきな災害がおきる可能性が高まっているのは事実でしょう。それに対する対策が確実に求められていると私は感じています。

市場

非農耕者（消費者）が増え、かつ生産者と消費者の距離が拡大するにつれて、両者の仲立ちをするなりわいが登場します。つまり、生産者から生産物を買い、消費者に売るなりわいです。現代の日本では、おおくの人が近所のスーパーやコンビニで食材を手にいれていることでしょう。それは都会も田舎暮らしもそうは変わらなくなっていると思われます。

スーパーやコンビニはごくあたらしい形態の店です。スーパーが登場したのが一九五〇年代の終わりころ、コンビニが登場したのは一九六〇年代ですから、どちらも半世紀強の歴史ということになります。半世紀前まで、私たちはこれら以外の方法で食材を手にいれてきました。市場もそうした方法の一つです。市場といってもその形態はいろいろです。生産者のすぐそばにいる魚市場や青物市場、逆に消費者のそばにいる市場、それに両者の仲を取り持つ卸市場などがあります。そしてこれら多様な市場が互いに連携しあいながら食材を提供してきました。

地方に行くと、日を決めて開かれる市場を見かけることがあります。かつてはこれが主流だったようです。「十日市」「八日市場」「廿日市」などの地名は、その名残と思われます。

地方の「道の駅」や農家による「直売所」なども市場のひとつです。もっともこのようなスタイルは昔からあったものでした。ですので、昔のスタイルのリバイバルというのがよいでしょう。それぞれが特徴を生かし、その土地で生産されたものを中心に食材を売っています。世界の各地にはいまでもこのような市場が残っています。途上国でもそうですし、欧州などには「日曜市」あるいは「マルシェ」のような市場があって、開催日には大勢の人が訪れます。

図15　錦市場

昔ながらの市場の中にも、ずいぶんと頑張っているところが見受けられます。京都の錦《にしき》市場（図15）もそのひとつです。市内を東西に走る幹線道路である「四条通」の一本北にある「錦小路」の四四〇メートルほどに展開する市場で、一三〇軒ほどの店が小路の両側にぎっしりと並んでいます。市場を構成する店の中には、小売りもするが、料亭やホテル、旅館に卸《おろし》もする店がおおくあります。

市場のおこりは天正年間（およそ四〇〇年前）といわれています。その後盛衰を繰り返し、いまでは「京の台所」としての地位を固めています。市内には他にもいろいろな市場やスーパー、コンビニが多数あるのに、人びとは地下鉄やバスを乗り継いで食材を求めてここにやってくるのです。年の瀬も押し詰まってくると、正月料理の食材を求めて、京都府外からも買い物客が訪れ、錦小路は満員電車並みの混雑となります。

こうした状況を変えたのが訪日観光客（インバウンド）でした。新型コロナウイルス感染症の拡大で観光客が激減する二〇二〇年春まで、錦市場は各国からの観光客でごった返し、足を踏みいれた瞬間自分がまるで外国にいるかの錯覚を覚えるような状態になっていたのです。市場は、市民が日常の食材を手にいれる場所ではなくなっていました。わたしも市場を敬遠するようになっていました。

さらに状況をおおきく変えたのが、二〇二〇年春にはじまった新型コロナウイルス感染症の拡大でした。訪日客はほぼゼロになりました。国内の観光客も激減し、錦小路もがら空きになりました。事態は一変しました。さぞかし市場も困っているだろう――。そう思っていたのですが、意外にも「これで昔の市場に戻った」と語る関係者が何人もいたのです。

市場の役目

長い目でみると、市場の置かれた状況は、この感染症のあるなしによらず楽観できるものではありません。理由のひとつは、社会の和食離れ、料理離れが急速にすすんでいるからです。和食がユネスコの無形文化遺産に登録されたことで、いまちょっとした和食ブームになっています。しかし考えてみれば、「遺産」に登録されるのは絶滅危惧だからという見方もできます。じっさいいまの日本では和食離れは深刻です。和食の衰退は、錦市場にはおおきな逆風です。

最近の「料理離れ」もかなり深刻です。もっともいっぽうでは料理好きの人は老若男女を問わず少なからずいて、国あるいは社会全体で料理嫌いが増えているというわけでもなさそうです。ただ、全体として日々料理をしない、外食に偏る、出来合いに頼るという人が、世代を超えて増えていることは確かだと思われます。

市場で買い物をするとどうしても店の人と会話しなければなりません。買い物はある意味で売り手と買い手のかけひきですが、売り手にすれば自分の商品のよさをさりげなく、ときには強く、訴えようとします。「目利き」の成果です。買い手にすれば売り手にたいして、「この客は侮《あなど》れない」と思わせなければなりません。客と店の間には、こうしてかけ引きが生じます。しかし、このかけ引きをうっとうしいと感じる人もいるようです。「目利き」も、ここではマイナスに作用してしまっています。その点、スーパーやコンビニではこのうっとうしさを感じなくても済むという面もあります。

四〇〇年もの歴史のある市場も、いま、おおきな曲がり角に立っているといえます。次の時代に、生産者と消費者をつなぐ役割を果たすのはだれなのか。市場は、次の時代にはどうなっているのか。市場のあり方がおおきく問われているといってていいでしょう。

では、市場はその歴史的役割を終えたといってしまってよいでしょうか。わたしはそうは思いません。市場の人は、目利きのプロです。客との間に信頼関係が出来上がれば、目利きのプロは客のための品ぞろえに全力を尽くすでしょう。目利きは生産者にもできるから、生産者と消費者が直につながれば市場はいらない――。そういう声もあります。しかし市場の目利きは全国各地から送られてきた商品の目利きができるのです。これは、地域にいる生産者にはなかなかできないことと思われます。このように考えれば、市場の存在意義が失われることはないと思われます。

コロナ禍と外食

二〇一九年の年末に発生した新型コロナウイルスによる感染症は瞬く間に世界に広がり、二〇二一年六月現在の感染者数は延べ数で五億人、死者数は六三〇万人に達する勢いです。このコロナ禍は世界中で人間活動におおきな影響を与えていますが、とくにレストランなどの飲食産業を大混乱に陥れています。「共食」という、人間ならではの食のスタイルが強く影響しています。つまり、人間は、食べ物の生産から流通、調理を含む加工、祭などの行事、そして食べる行為に至るまで、すべてを他者とのつながりのなかで営んできました。そして、コロナ禍はこのすべての過程にダメージを与えているのです。

日本では、飲食店、つまり、外食や中食の店が打撃を受けています。外食のおこりは、都市文明のおこりにまでさかのぼると思われます。古い時代には、外食は、旅のとき、あるいは何かの社会的な行事のときなど、限られたときのものでした。つまりそれは「ハレ」の外食だったわけです。戦前、あるいは戦後でも高度経済成長期までは、外食の機会はおおくはハレの日に限られていました。都市に単身で住む人も、賄《まかない》つきの、つまり食事つきの下宿に住んでいました。自炊はわずかでした。賄つきの下宿は、一九七〇年代まではそれほど特殊なものではありませんでした。

高度成長期以後、外食はむしろ日常化してきています。いってみればそれは「ケの外食」です。「今日は忙しいから」「帰りが遅くなるから」などの理由から、半ば日常的に外食する人びともめずらしくありません。とくに単身世帯や共働きの世帯でその傾向が強いと思われます。

ケの外食でも、単身者のおおい地域の「一膳めし屋」のような店は、客のおおくは常連でしょう。店と客の関係はそれなりに濃かったと思われます。しかし最近はこうした形態の店は衰退のいっぽうです。おそらく、公共交通機関が集まるターミナル周辺の外食店で食事をとることが増えているのでしょう。店と客の関係は希薄で、おおくの一見《いちげん》の客が密の状態で集っているようです。こういう状況では、実際に感染拡大が心配されるので予防意識の高い人びとから順に足を向

図16　パリのマルシェで

けなくなるでしょう。無頓着な人（集団）と敏感な人（集団）が接近すれば、敏感な人（集団）のほうからその場を避けるようになるからです。

外食は、しかし、食の一端を担う産業です。コロナ禍をかいくぐり生き残りを図る方策を、社会として考えるべきです。歴史を振り返ってみると、感染症に限らず、大災害に直面した社会は、人口を分散化したり（つまり人は人口密度の低い土地に移動する）、あるいは小さな集団にわかれて暮らすようになります。災害が繰り返し襲うと、店や工場などの固定資産がモバイルになってゆきます。江戸時代の江戸の街はしばしば大火災に襲われました。こうなると、おおきな店を構えることはむしろ不利です。江戸の街で屋台が花盛りになった背景の一つがここにあると思われます。屋台ならば、被災しなかった地域に動くこともできるし、鎮火後速やかに被災地に戻って商売を続けることもできるのですから。こうした前例に照らせば、外食産業は食品を売る方向に軸足を置かざるを得なくなるでしょう。つまり外食の中食化です。

パリはじめ欧州の大都市にあるようなマルシェのような形態（図16）、あるいは、かつて祭にはつきものだった「市」に出店した飲食店の形態も参考になるかもしれないと思います。いずれにしても、そのためには整えるべき制度や街のありかたについて、長期的視野からよく考える必要があります。政治に、その役割が託されています。とくに、「災害の世紀」と呼ばれる二一世紀にはこのことの意味はおおきいと思われます。しかるにいまの政治は、国でも地方でも、その役割を十分果たしているとはいいがたいように思われます。「今日の感染者は〇名」という数字を発表することも、「マスクして」「強い危機感を持っている」といったメッセージを出すことも結構ですが、そのようなことは政治でなくともできることです。政治にしかできないことは、先に書いたような、将来を見越した制度作り、仕組みつくりであると思うのです。

観光と外食

外食のおこりのひとつに旅があると書きました（本章69ページ）。旅は、流浪の旅を別とすればもともとは交易や商用、公務の目的から、必要に迫られて、日をまたいでよその土地に出かけることでした。日本でも中世末には人の行き来が活発になり、旅人も増えていました。それにつれて街道も整備されました。加えて、戦争の激化が街道の整備を促します。

次の江戸時代は、幕藩体制が整備され人びとの移動が厳しく禁じられた時代であったかに考えられがちですが、実際のところ人びとはかなり自由に移動していました。この時代には、庶民が旅をするようになっています。伊勢神宮に参拝する伊勢参りや地方の社寺に参る「お参り」「詣で」などが中心でしたが、こうした活動により、一般庶民の旅やそれに伴う観光という産業がおこりました。

観光はその後も成長を続けます。食にハレとケがあるように、暮らしにもハレ（非日常）とケ（日常）があります。非日常を求めた人びとの行き着く先のひとつが旅でした。とくに戦後、社会の安定とともに旅する人が増えました。鉄道の発達が旅を支えました。日本固有ともいえる「駅弁」が発達しました。列車時刻表にも、駅弁が販売されている駅には弁のマークがありました。しかし残念なことに、この記号はＪＲの時刻表からは二〇一九年を最後に消えてしまいました。

旅をさらにさかんにしたのが新幹線やＬ特急と呼ばれる特急列車網の整備の賜物でしょう。一九七〇年の大阪万博のあとは海外旅行が盛んになります。同時に、海外からの観光客が増えてゆきます。一九六四年、オリンピックの年には三五万人ていどだったものが、一九七七年には一〇〇万人を、そして二〇一三年には一〇〇〇万人をこえました。

ただし、観光が加熱しすぎると、弊害をもたらすようになります。いま、各地で「観光公害」がおおきな問題になっています。訪日外国人のおおくが市民の暮らしの場に入り込んできたのです。彼らは、ところかまわず歩き回り、写真を撮り、はしゃぎ、市場では買いもしない商品に手を触れてゆきます。リュックにあたられてけがをした人、食べ歩きのアイスクリームや醬油のたれで服を汚された人などが出て、おおきな社会問題となりました。

京都にもおおくの外国人観光客が押し寄せます。市民の足であるはずの市バスは観光客の足となり、市民特に高齢者がバスに乗れない状況がうまれていました。小規模な民泊が増え、自分の宿を探して歩く観光客のキャスター付きの旅行カバンのガラガラという音が騒音公害をもたらしました。ルールを無視したゴミ出しで街の美観が損なわれ、衛生状態も悪化しました。影響は先に触れた錦市場も及びました。市民の足は遠のき、市場側もさまざまな対策を迫られたのです。

おおすぎる観光客が「食」に及ぼす真に深刻な問題があります。外食の質におおきな影響を与えていると思われるのです。わたしの知人の中には、京都駅周辺の飲食店の中に、味が落ちたところや、サービスが低下したところが少なくないと感じている人が何人もいます。私自身は、京都駅近くの人のあまりのおおさに嫌気がして、よほどの用事があるとき以外は立ち寄らないようにしています。つまり京都在住のわたしたちは、駅周辺の飲食店にとっては一見の客になってしまっているのです。一見さんという点では、外国からの観光客のほとんどの人たちも一見の客です。つまり店側からみれば、客のほとんどが一見さん、つまり二度と来ることのない客、あるいは当分は来ない客です。忙しさも手伝って、客へのサービス、客との対話がおろそかになっているかもしれません。客側からしても、「きょうの料理はすこし塩辛い」「きょうの〇〇はおいしかった」など、率直な意見をいいにくいのです。このような状況では、店と客の間のコミュニケーションはとれず、長い目でみると、店の力量は落ちてゆくことが懸念されるわけです。そしてそれが、知人たちの先の感想になって表れているわけです。

観光産業のありかたをちゃんと考えないと、街の価値は速やかに失われ、やがては街の魅力を奪う危険性をはらんでいます。京都の外食店は、市民ではなく訪問客に支えられてきたのです。その京都の表玄関の京都駅周辺で外食店の評価が下がることは街にとっておおきな損失です。

第5章　粒と粉

人は粉を食べてきた

哺乳動物の中でも粉を食べるのは人間だけだと思われます（図17）。自然界には粉状の食べ物などほぼないからです。粉は、植物の種子やイモを石臼のような道具ですって作られます。つまり、臼という道具を持たない限り粉を大量に作ることはできないのです。

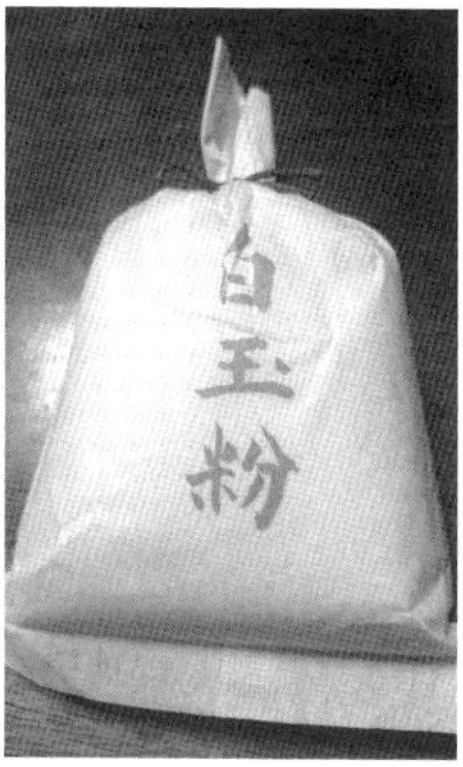

図17　米粉

しかし人間も粉を粉のまま食べることはほとんどありません。ふつうは水を加えて団子のようにし、それを薄く延ばして焼いたり、あるいは団子を茹でたり蒸したりして食べます。二〇〇〇年ほど前には団子を板のように平らにして切る、あるいは紐のように細く加工しさらに伸ばして作る、麺という食べ物もうまれました。麺の歴史を四〇〇〇年前にさかのぼるという研究者もいますが、広く受けいれられてはいません。

それにしても人はどうして穀類の種子をわざわざ粉に挽いたりするのでしょうか。米のように、粒のまま食べるものもあるので、何が何でも粉にしなければならない理由はなさそうです。粒のまま食べるか粉にして食べるかには、地理的な偏りをもつわけでもなさそうです。例えば日本列島の人びとは粉を食べてこなかったでしょうか。そんなことはありません。縄文時代には人びとはドングリをたくさん食べていたようですが、それらはやはり臼ですりつぶしていたものと思われます。つまり、粉にしたりすりつぶしたりする技術は人類社会にとってかなり普遍的なものです。

すでに書いたように、粉にするには石臼が要ります。もっとも原始的な臼は、すこしくぼんだ石皿の上で棒状または丸い石を使って種子などをつぶすものです。鞍《サドル》の形をしたサドルカーンもこの仲間に入ります。その後、回転式のロータリーカーンが出現します。広く平らな面を上面にもつ下の石の上に、同じく広く平らな面を下面に持つ上石をのせ、二つの石の間に種子などをおいて上石を回転させることで粉にするのです（図18）。

石臼に限らず臼は、人類が発明した道具の中でももっとも古くからあるものの一つで、麦などの穀類が登場するまでは、ドングリなどの木の実（種子）をすりつぶすのに使われていたのだと思われます。種子の中には、灰汁《あく》の成分をもつものがおおくあります。栽培植物としての穀類は灰汁のないものがおおいのですが、それは人類が灰汁のない、あるいはごくすくなくなるよう品種改良を重ねてきた過程でもあったのです。イネ科の植物が穀類としておおく取り上げられるようになった理由のひとつが、灰汁のすくないものがおおかったからともいわれます。

ここでいう灰汁は料理の本に出てくる、肉や魚を調理したときに出るアクとは違い、サポニン、タンニンなどの毒物や、あるいは舌を刺すシュウ酸カルシウムのような、強い刺激をもって人体に深刻な影響を及ぼすものをいいます。この灰汁を取り除くか無毒化する作業を「灰汁抜き」といいます。一般に灰汁抜きは、水につけるか熱を加えるか、またはその両方の操作を加えることでおこなわれます。しかし、ドングリなどをそのまま水につけておいても灰汁はなかなか抜けません。すりつぶして水につけることで灰汁が早く抜けるのです。すりつぶすことで細胞が壊され、さらに流水にさらすことで灰汁は水に溶けて消え去り、細胞

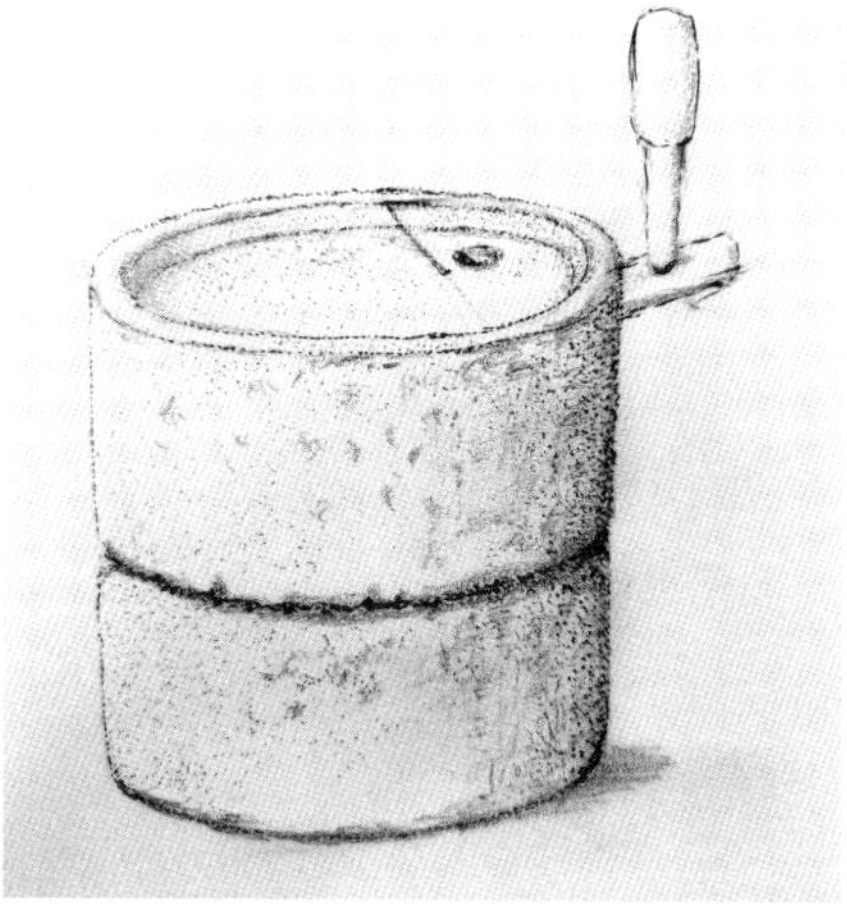

図18　回転臼

の中に溜まっていたでんぷんが容器の底に沈殿します。これを乾かすとでんぷんの粉末になるわけで、これがモンスーン地帯の粉食につながっていったと思われるのです。

粉にすることで都合のよいことがもう一つあります。何種類もの食品を粉にして混ぜることができるのです。少量の水を加えて団子状にし、薄く延ばして焼く、あるいは細く加工して茹でるか揚げるかする、または団子状のものを蒸すことで、様々な料理になります。粉にさえなれば、あとの工程はほぼ同じ、ということでもあります。食べるものがろくになかった時代、いまのように食べ方を楽しむ余裕はなかなかなかったことでしょう。粉にし、少量の水を加えて団子にし、焼くか、葉などに包んで蒸し焼きにするなどして食べてきたのでしょう。

粉を団子にすれば、その形を自在に変えられる利点もあります。薄く延ばしてクレープのように焼いてよし、細長く延ばして麺にするもよし、いろいろな形のものをつくることができます。粉食は、食品の形を自由に作り変えることを可能にしたのです。

粒のまま食べる

穀類の中には粒のまま食べられるものもあります。といっても、おおくの種では、粒のまま食べられることもあれば粉にして食べられることもある、といったほうが正確でしょう。粒のままといっても、ヒトの消化器は生のでんぷんはうまく消化できません。でんぷんを効率よくエネルギーにしようと思えば、加熱するかあらかじめ酵素などによって糖化させておく必要があります。

そこで、より簡単には加熱ということになるのですが、穀類の種子は普通水分含量が低く、普通に焼くと焦げてしまいます。例外はトウモロコシのポップコーンでしょうか。米も直火で焼くと時々ポップライスになることがあります。しかし、米を含めて大抵の種《しゅ》の種子はうまく焼けません。焦げたり、生焼けになったり、仮にうまく焼けても固かったりして、なかなか食べにくいものです。油で炒めれば熱は通りますが、柔らかくするには水が必要です。それに、炒めるための油を、植物から、大量に手に入れるのは大変なことでした。

そこで、煮る、という作業が求められることになります。煮るにはまず大量の水が要ります。それから、煮炊き用の器（土器など）が要ります。水はモンスーン地帯では比較的手に入れやすい。また土器の発祥も日本列島を含めた東アジアとされ、西アジア〜欧州では東アジアより数千年も遅れて土器が登場します。煮炊きは東アジアで始まったと考えてよいでしょう。あるいは、イモなどの調理で用いられる、植物の葉に包んで蒸し焼きにする方法も考えられます。水を大量に利用するわけではありませんが、植物の葉を大量に使用します。植物の葉が年中大量に利用できる環境といえば、やはり中、低緯度地帯の水の豊かな土地ということになるでしょう。

煮炊きするなら、粉にしてから水を加えて団子にせずとも、粒のまま炊いてしまうほうが簡単です。おそらく、稲作の民は、米を煮炊きする技術を発達させたと思われます。稲作を持ち込んできた人びとが、炊飯の技術を米食の文化と合わせて世界に広めたのではないかと思われるのです。米も、粉にして食べることがあります。とくに日本列島では縄文時代以来の、粉食文化の伝統がありました。米を粉にして食べることに抵抗はなかったと思われます。岡山県のある古い神社の宮司であり民俗学者でもある神崎宣武さんは、米粉食の利用について、こんな仮説をたてています。

米粒を米櫃《こめびつ》（米を入れておくおおきな器）に入れておくと、何らかの理由で割れたり砕けたりした米粒は下の方に落ちてゆきます。米に限らず、粒状のものを入れ物に入れておくと、上の方にはおおきい粒が、下の方には小さい粒が集まる傾向があります。おせんべいやポテトチップスの袋の中で、割れて砕けたかけらが袋の底の方に溜まっているのをみたことがあるでしょう。米櫃の中の米も同じです。底の方には、壊れたくず米や粉が溜まってゆきます。春を過ぎて夏が近づくと、米は底をつき、米櫃には飯にはならないくず米や粉だけが残ります。これをうまく利用したのが米粉の料理ではなかったかと神崎さんは考えたのです。

米を粒のまま食べるのは、米粒にはカミが宿っていると信じられてきたからだといわれます。米粒に宿るカミの霊力にあやかりたいというところでしょうか。餅や酒は、米粒を凝縮したものだと考えれば、これもまたありがたい存在ということになります。日本社会が長く、米を粒のまま食べたり、粉にしたりあるいは餅についたりして食べてきたのは、このような思想が背景にあるからでしょう。なお、日本には、カミが米（粒）につくと考える地方と、田に居つくと考える地方とがあるように思われます。「田の神」という言葉が各地に残されています。石川県能登地方には「あえのこと」という年末年始の祭がありますが、この祭では年末、各家のご主人が田の神を迎えに行き、正月の間酒食をもてなし、年明けに田にお戻しすることになっています。また東北地方の各地には、「田の神」という名の品種があり、これを水口（水の取り入れ口）付近に栽培する習慣がありました。田の神は背丈が普通の品種の三分の一程度と低く、また穂も、葉も極端に短いのです。おまけに米粒はずんぐりと丸く、一見してそれとわかります。おそらくはその外見から大黒天が連想されるのでしょう。「田の神」はその別名を「大黒」といいます。大黒天は収穫の神さまなので、多収穫の祈りを込めた名前であることは確かと思われます。

餅はだれが考えたか？

ここで考えねばならないのが、「餅」（図19）です。もち米（漢字ではとくに糯の字があてられ、糯米と書かれます）を蒸し、それを食べる食べ方は日本にも東南アジアにもあります。強飯《こわめし》と呼ばれるものがそれです。これが縮められて「おこわ」になったようです。なお、余談ですが、「おこわ」

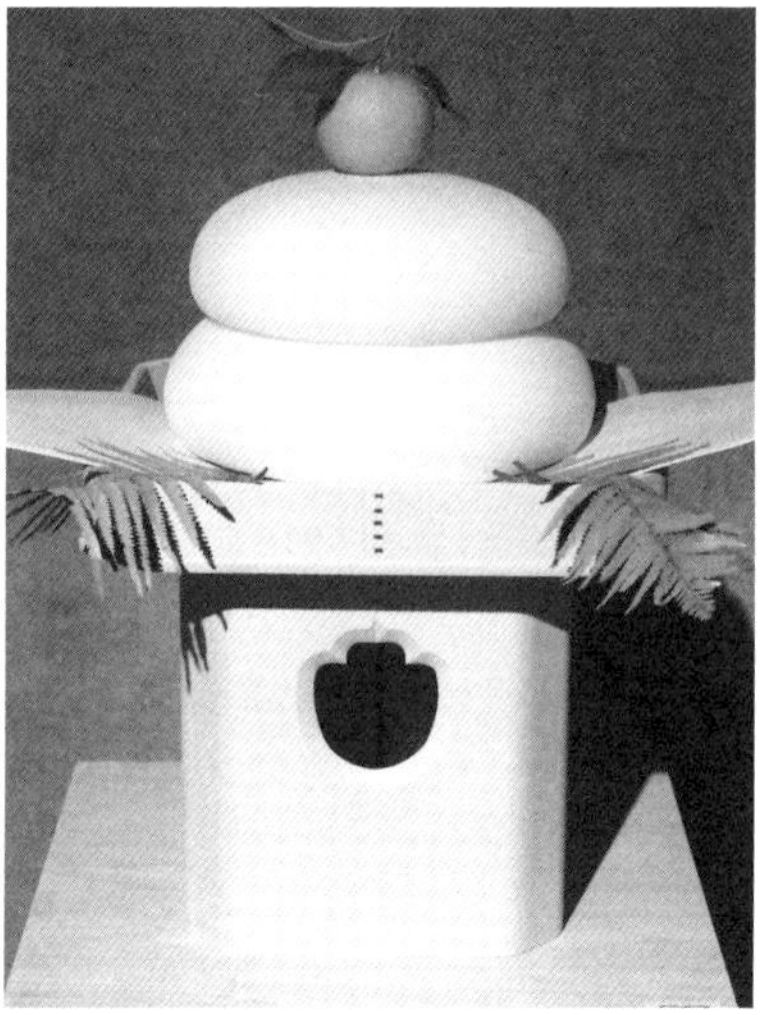

図19　餅

のような「お」を伴う三文字単語は室町時代ころの発明であったと、国立国語研究所の窪園晴夫さんはいっています。ほかの例を挙げれば、「襁褓《むつき》」が「おむつ」に、「田楽」が「おでん」に、といったところでしょうか。「サツマイモ」が「おさつ」に、というのも、後の時代の人がこれを真似たのかもしれません。

さて、餅ですが、これは蒸した糯米である「おこわ」を熱いうちに搗いて丸めたもの、あるいは板状に延べたものです。糯米を粉にして団子に丸め、これを蒸しても同じ形状のものはできますが、歯ごたえ、あるいはのびという点では、前者には及びません。やはり、餅は特別の食べ物のようです。

糯米を食べる文化は日本だけのものではもちろんありません。日本を含む東アジアから東南アジアにかけて広がっています。アジアの米食文化地帯の中で、糯米を食べないのはインド以西の地域です。ミャンマーを含みそこから東の地域には、糯米文化はことごとく存在するといってよいでしょう。そしてこの地の人びとは糯米を料理して食べてきました。ただ、それを必ず餅にしたかといえば、そうとは限らないのです。例えば、インドシナ半島の中心部にある国、ラオスでは、国民の八割以上の人が日常的に糯米を食べます（図20）。それも一年中毎日三食、糯米を食べるのです。ただ、彼らはほとんどの場合蒸したままの糯米を食べています。日本の「おこわ」と同じものです。しかし、それを搗《つ》いて「餅」にすることはほとんどありません。中国の南部の人びとも糯米を食べますが、やはり中心はおこわのような食べ方です。

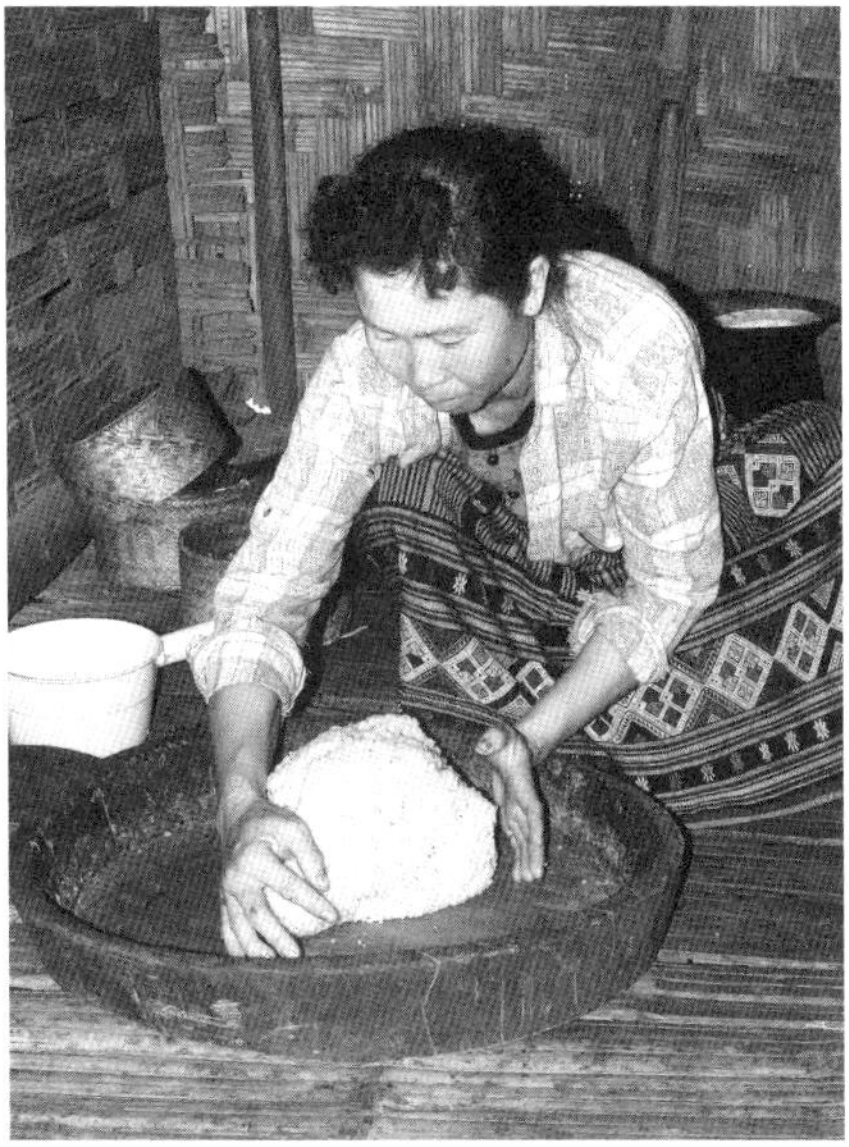
図20　ラオスのおこわ

中国語には「餅」の字もあり「ピン」と発音しますが、主にはコムギの粉を水に溶いて団子にまとめたものをいいます。日本の餅とは違っています。このほか、よく知られているのが「月餅《げっぺい》」でしょうか。これは中国の故事に基づき、中秋の名月ころに食べられる点心（菓子のこと）です。餅の字がつけられていますが、小麦粉で作った皮に餡をいれたものです。餡もまた多様で、地域によりさまざまなものがあります。日本でいう「餅」とはまったく違ったものです。つまり、中国でも、日本のような餅はあまり食べないのです。

　ということになると、餅は、日本固有とまではいわないものの、日本を代表する糯米の食品といってよさそうです。それにしても、糯米を調理して餅にしたのはなぜでしょうか。この問いにはいろいろな答えが用意されています。ひとつは、鏡餅として丸い形をしていること。丸い形は「鏡」を想像させるとも、また円満を意味するものとも、また二枚を重ねるところは心臓の形をまねたともいわれます。鏡餅は、神さまの依《よ》り代《しろ》ですから、それなりの意味を込めて作られたのでしょう。つまり餅は神事にかかわって作られた食べ物で、おそらくは人びとはその「おさがり」を食べていたのだろうと考えられます。「神人共食」という、神さまと同じものを食べようという思想の表れです。

　ところで、糯性の胚乳を持つ穀類は米以外にもいくつかが知られています。キビやアワ、ヒエなど、東アジアで起源したと思われる穀類のほか、ムギの仲間でも、コムギやオオムギにも糯があります。もっとも、コムギの糯は、現代の品種改良によって作り出されたものです。オオムギの糯は、限りなく糯に近いウルチ（粳）です。これらの糯品種の粒を使って餅を作ることができます。キビの餅はほんとうにのどごしが柔らかく、うまい餅ができます。オオムギの餅は、できたあともなかなか固くなりませんが、いったん固くなってしまうと今度は煮ようが、焼こうが、決して柔らかくならないそうです。「煮ても焼いても食えない」とはこのことをいうのかもしれません。

なお、糯とウルチの違いは、二種類のでんぷんの比率で決まります。穀類のでんぷんには、アミロース、アミロペクチンという二種類のでんぷんが知られています。両者はともに多数のブドウ糖の分子がつながってできていますが、前者が比較的分子量が小さいのです。そして、糯米のでんぷんはすべてがアミロペクチンでできているのに対し、ウルチのそれにはいくばくかのアミロースが入っています。そして、アミロース含量が高いほど、その米はパサついた食感をもつのです。

2 食べ物が口に入るまで

配達の寿司。様々な食材が巧みに組み合わされて多品種の寿司ができる

第6章　料理するということ

料理とは何か

　料理とはどういう営みをいうのでしょうか。そして人類はいつから料理をしてきたのでしょうか。この問いもなかなかの難問ですが、料理というおこないをもっとも広く解釈すれば、食材を加工し、組み合わせて食べやすくする一連の作業といってよいでしょう。料理以前、人類は手に入る食材をかたっぱしから食べていたことでしょう。しかし、ヒトという動物は哺乳類の中でも弱者に入る存在でした（2章15ページ）。環境が悪くなるなどして食べられるものが減ってくると、真っ先にその影響を受ける存在です。他の哺乳類には消化できてもヒトにはそれが困難な食材もあります。強靱なあごや歯で食いちぎる代わりに道具を使って切ることをしなければなりませんでした。でんぷんの消化には過熱が必要でした（2章14ページ参照）。同時に人類は食材を保存することや複数の食材を合わせることなどを覚えたのです。人類が料理を覚えた、いや、覚えなければならなかった背景にはこうした理由があるものと思われます。

食べ物は腐ります。だから手にいれればすぐに食べてしまうのが原則です。そしてヒト以外の動物も、ほぼそうしています。火を使うことで、食べ物の保存性を高めることができました。同時に、複数の食べ物を組み合わせることができるようになったのです。とくに器が開発されてからは煮炊きができるようになり、食材の組み合わせの幅がぐんとおおきくなったことでしょう。

火の利用のほかにも、食品の保存の技が知られています。発酵、燻製、塩蔵、乾燥などです。極地など寒い土地では氷漬けなどの方法も取られていました。詳細は次項以降に譲ります。このような方法は、試行錯誤と経験の蓄積により改良を加えられ世代を超えて伝わっていったことでしょう。技は、個人の技量を基礎にしますが、それが他者に伝わることで、とくに世代を超えて次の世代に伝わることで社会化します。つまり蓄積してゆくのです。

料理はとても幅の広い営みです。食材を手にいれて切ったり、食べられない部分や傷んだ部分を取り除いたり、冷蔵、冷凍あるいは発酵などの手段で保存したり、加熱したり、味を調えたり、そして最後に調味して盛り付けたりもします。

わたしは、料理ほど、個人の全人的発達に重要なものはなかったのではないかと思います。料理するにはまず、何をつくるのか、最終形を頭に思い描くことから始めなければなりません。そしてそれに向けて段取りを工夫し、自らの筋肉を使って加工するのです。つまり、芸術のセンス、知の活用（知術）、身体技術の駆使という「三術」をバランスよく行使するのが料理だといえます。ここでいう三術とは私の造語ですが、知術、芸術、身体技術という人類が発明した三つのすべ（術）です。かつては、これら三つの術にたけたスーパーマンのような個人が存在していました。レオナルド・ダ・ヴィンチはすぐれた学者であり、また芸術家であり、さらにさまざまな器械を発明した技術者でもありました。日本でも、空海などはそうであったと思われます。それが、欧州では近代合理主義の登場に続く産業革命が分業を推しすすめ、個人の全面発達を阻害してしまいました。日本も同じです。いや、日本では、一面では欧州以上に分業がすすんでいます。日本語には「一芸に秀でる」という語がありますが、これなどは日本社会における専門主義の根強さを示す語といってよいでしょう。

ごく一般的にいえば、人口が増え生産が拡大する社会にあっては専門家（スペシャリスト）が歓迎されます。どの分野でも細分化がすすみ、成長分野ではさらに深化がすすみます。細分化がすむと、専門家でなければその分野での仕事はできなくなります。個々の専門家たちには全体がみえなくなるのですが、人口の増加がその欠点をカバーします。日本を含む二〇世紀後半の社会はまさにそうした社会でした。しかし総人口が伸び悩み、生産全体が停滞ないし減少局面に入るいわゆる「縮小社会」では様相が変わってくると思われます。専門分野のすべてをカバーするだけの人手が確保できず、とくに採算性の低い分野ではあちこちの専門家が欠如する歯抜けの状態になります。こうなると社会全体がうまく回らなくなり、あちこちで、もの不足になったり、技術の伝承がうまくゆかなくなったりするでしょう。「伝統」の継承が困難になり、消えてゆきます。専門家たちが周囲を見渡す力をもっていればまだよいのですが、残念なことに成長時代に育ち、「一芸には秀でた」専門家には、全体を見渡し、欠けた分野を補う気配りや能力が欠けていることがおおいように思われます。いや、彼らの心情は専門礼賛なのです。何でもできる器用な人材など、場合によっては軽蔑の対象でさえありました。しかし、縮小社会化がすすもうとしているいまの日本で、確実に求められるのは何でもできる人――ジェネラリスト――なのだと思われます。少なくとも、社会人は学・芸・技にまたがってひととおりのことを身につけておくことが求められるようになるでしょう。こうした状況下で、料理はジェネラリストの素養を鍛えるにまたとない営みに思われます。

料理のおこり

料理という作業は、出来上がった形を頭の中にイメージすることから始まります。つまり食材という客体に対して自らが主体的にかかわって自分の思い通りのものにすることです。料理するには過去の経験であるとか、両親や祖父母、さらには知人などが蓄積してきた知恵を総動員することが必要です。こうした知の体系のことを、「伝統知」などとよぶことがあります。伝統知の形成には、言語、文字の使用など、「知の社会化」が欠かせません。

料理にもいろいろな手段がありますが、和食の場では、「調理五法」として切る、煮る、揚げる、蒸す、焼くの四つの基本動作があるといわれています。これらの中で、「切る」を除けば、あとの四つはどれも火の利用、つまり加熱です。

加熱は相当に古くからある作業です。最初は、食材を直接火であぶるようなことだったのでしょうが、そのうち葉などに包んで蒸し焼きにする、容器に水を入れて煮るなどの技術が発明されたことでしょう。ただし、世界のどこでどのよう調理法が誕生し発展したかには時代性と地域性がありそうです。煮たり茹でたりするには豊富な水と深い容器、たとえば土器が要ります。水と粘土が必要なわけです。油で揚げたり炒めたりするには油が要ります。とくに植物性の油は、大量の素材を集めて搾るという工程を必要とするので、狩猟採集社会のような移動性の高い社会では入手困難であったと思われます。いっぽう動物性の油脂については、人類は相当に古い時代からこれを利用していたものと思われます。しかし、動物性油脂を入手しやすい社会は、逆に、穀類の入手が困難な社会でもありました。

火の利用に加えて、人類は道具を発明しました。食にかかわることでは、まず、動物を捕まえたり魚を取ったりする道具を発明します。弓矢や、落とし穴を掘る掘削器などがそれです。とった動物をさばくために、鋭い歯を持つ石器も作られました。日本では、サヌカイトという特別の石が使われました。サヌカイトは上手に割ると、刃物のように鋭く切ることができます。その切れ味は現代のナイフにもおとらないほどです。これによって獲った動物を解体することもできたのでしょう。農耕にも道具は必要です。土を耕したり掘ったり、あるいは地面に穴をあけるなどの道具です。

切る道具もまた長足の進歩を遂げてきました。石から金属へ。そして金属の中でも銅の合金から鉄へ。そして鉄から鉄合金へ。さらに鉄合金からセラミックへ。材質の進化だけではなく、切れ味や柔軟さが増してゆきました。

道具を作るには、その道具を作るための道具が必要です。今の庖丁の例では、庖丁を打つためのハンマーや金床、刃を持つプライヤー、風を送るふいご、砥石などです。そしてこれらの道具を作るにもさらにまた別な道具が必要です。こうした「道具のネットワーク」の発達が、現代文明の特徴ともいえるでしょう。道具とともに必要なのが、その道具をうまく使って食材を切ったり薄くむいたりする「庖丁さばき」、つまり身体技術です。職人の庖丁さばきをみているとほれぼれします。よし、自分でもやってみようと「ダイコンの桂むき」を試すのですが、なかなか難しいものです。それはそうでしょう。職人たちは長い訓練を経てその技術を身につけたのです。

素人が見よう見まねでやってみたところでうまくゆくものではありません。包丁は使ううちに切れなくなりますが、切れ味を取り戻すのが砥石です。しかし砥石を使いこなすのは難しく、「研ぐ」という技を身につけるのも相当の訓練が必要です。

身体を動かすのに訓練が必要なことはスポーツ、さらには舞踊、バレエなどの演舞などにも共通しています。剣道や柔道のような武道と呼ばれるもの、それに楽器の演奏などにも共通します。このように鍛錬した筋肉を使って技をなす行為を身体技術と呼ぶことにします。料理の身体技術には、庖丁さばきの他にも、フライパンを上下に動かす「煽《あお》り」、調味料を食材に均一に振る「振り」など多岐に及びます。これらの技については本書では随所で触れています。

料理にはもう一つ、芸術の要素が関係してきます。料理の彩り、配置、さらにはバランスなど。京都の和菓子の中にはある季節や特定の行事にちなんだものがたくさんあります（図21）。そして中には芸術作品かとみまごうばかりの美しいものもあります。むろん高い芸術性を料理に持たせるのは日本に限ったことではありません。食器やしつらえの美なども これに加えて考えることができます。食器についていえば、日本で見る漆器（漆塗り）の器は本当に美しいものです。欧州で見るワイングラスも、造形的な美しさのほかに、ワインの香りを立たせるのに都合のよい形をしていて機能美を感じさせます。どの料理をどの器に盛るかは、まさに料理人の芸術のセンスが光る場面です。同時に部屋のしつらえもまた、その日の客をもてなすメッセージを伝える重要

図21　和菓子（唐衣）

な手立ての一つです。このように考えてみると、料理とは一種の統合知といってよいと思われます。だからその放棄、あるいは衰退は、文化の衰退そのものなのです。

なお、料理の芸術性には他にはない特徴があります。それは料理が、食べればなくなってしまうことです。他の芸術作品では、そのものが長い時間、人びとの目を楽しませてくれます。ビーナス像やミケランジェロの絵のように、人間の寿命をはるかに超える何百年、千年の長きにわたって愛されてきた作品も少なくありません。いや、ラスコーの壁画のようにその時間が万年の単位に及ぶものさえあるくらいです。ところが料理の場合はその場限りです。食べてしまえばその料理はなくなってしまいます。メニューがあれば同じものなどできるではないかと思われるかもしれませんが、厳密にいえば昨日の料理と今日の料理は厳密には同じではありません。一期一会の世界です。加えて、一〇年も、一〇〇年もたてば、その間に食材は変わってゆくに違いないのです。食文化を守るには古いものをそのまま残すのではなく、動きつつあるそのままを残す、動態保存のようなことを考えなければならないと思います。

臼で挽く

道具と身体技術の組み合わせは、食材ごとに違った形で発達してきました。植物性の素材、なかでも穀類や堅果類、豆類の硬い種子を粉に挽くために、本書でも何回か登場した石臼のような道具が発明されました。日本でも、とくに縄文時代の北日本では石臼がよくつかわれていました。そればかりか、石臼を専門に作る技術集団もいたらしいのです。穀類などはでんぷん源ですが、これらは世界の広い地域で、石臼などで挽いて粉にしてから水で練って団子状にまとめ、それから薄く延ばして焼いて食べました。すこし発酵させてから焼いたり蒸したりする技法も誕生します。パンと総称される食品がこれです。

石毛直道さんによれば麺もこの派生形です。コムギのようにグルテンが豊富でコシを出す穀類では引っ張って細く延ばす「手延べ」の麺が作られました。作ったのは、たぶん中国の文化です。粘りをうまない穀類でも麺が作られましたが、これには主に薄く延ばしてから切る切り麺や、柔らかな生地を作ってところてん式に押し出す方式もうまれました。とにかく、穀類の種類は違っても、臼で挽いて粉にするところは同じです。

これらの穀類は、作物としての原産地も栽培環境も違います。支えた文明も違います。それなのに、いま述べた方法はほとんど変わらないのです。ところが、米など少数の穀類は、おおくのところで粒のまま食べられてきました。粒のまま食べるにあたっては、深い土器を使って他の食品とともに煮ていたのではないかと考えられます。

粒のまま食べるのならば他の穀類でもよさそうです。イネ科に属する植物ではありませんが、ソバもそのようにして食べることがあります。コムギやオオムギのような麦の仲間でもそうできるはずです。教科書には、ムギの仲間は種子の一部が内側におおきくくびれ、そこにふすまとなる外皮の部分（イネでいうと糠の部分）が食い込んでいるため、ふすまを取り除くには粒を壊してしまうしかない、などと書かれています。しかしわたしはこの説明に疑問をもっています。米食する人の中に玄米食をする人がいるように、コムギを食べる人の中にも「全粒粉」といってふすまの部分を含めた全部を食べる人びとがいます。そのほうが健康によいから――そのような理由をよく耳にします。そう、ふすまの部分は食べて食べられないわけではないのです。わたしは、粉にする理由は文化だと思います。つまり、これといった理由はないのです。前からそうしてきたから――そのようなあいまいな理由がしばしば語られます。

食べものを保存する

食べ物の厄介なところはそれが腐るということです。もっともこの腐るという現象は先の発酵と同じく微生物の働きによるもので、微生物の側からみれば、彼らもまたわたしたちとおなじ「食品」を食べて生きているのです。問題なのは、彼らがそれを食べて不要物として排出したものが人間にとっては不快なにおいを発したり毒として作用したりするところです。

微生物が関係しなければ食材はいつまでも食べられるかといえばそんなことはありません。虫がわくこともあります。酸化、脱水などさまざまな変化が食品を食べられなくします。客観的にみれば食べ物を巡ってヒトと他の動物、微生物の間に取り合いがおきるということです。腐るということは、人間と微生物それも人にとっては毒素を出す微生物との間に取り合いがあり、腐るということはヒトがその食べ物をとられたということともいえます。

腐敗をはじめとしてこれらの変化からいかにして食品を護るか――人類の歴史はある意味で微生物や害虫とのたたかいの歴史であったといえます。そのいくつかをご紹介しましょう。まずは乾燥です。動物の身体などを分解したあと、肉などを干すやりかたです。おもには湿度の低い土地に適したやり方ですが、他の方法と併用するなどすると、温暖・湿潤な土地でも使うことができます。たとえば干物《ひもの》などがそれです。植物でもドライフルーツや、あるいはダイコンなどを干して作る「切り干し大根」や漬物の加工工程にこの手段が含まれます。

第二の方法は加熱です。加熱には、本章93ページにも書いたように、茹でる（水を加える）、蒸す（蒸気を使う）、焼く（直火で変性させる）、揚げる（一〇〇度を超える温度で熱変性を加える）などの方法があります。揚げるというと、素人であるわたしたちは油脂を使うことに意味があると考えがちですが、必ずしもそうではないようです。東京のある天ぷら屋さんで聞いた話ですが、食材をころもで包んで適温の油でさっと揚げることで、中の食材が自分の水分で蒸されるのだそうです。それなので、名人が揚げた天ぷらはすこしも脂っこくならないのだといいます。

ただし、熱を加えただけでは長期の保存は効きません。熱を加えることで、食材についていた微生物を殺すことができるだけのことです。温度が下がってきて新たに微生物がつけば、腐敗はそこから始まります。この方法もまた、他との併用によってはじめて力を発揮します。

第三の方法は、加熱とは逆の、凍らせるか、または冷やすという方法です。もっともこの方法は電力が普及するまでは極地や高山など自然界にある氷（氷河、氷山など）が使えるところにほぼ限られていました。ほぼ、と限定句をつけたのは、日本でも氷室《ひむろ》のように、冬の間でできた氷を室《むろ》などに保存し、その氷を使って、または冬の間根雪の下に食品をおいて保存する方法があったからです。現在では冷蔵や冷凍は電力の普及によって力を得た保存方法です。冷凍、冷蔵の普及で、食品をほぼ出来立て（あるいはとれたて）の状態を長く保存することが可能になりました。そして、冷凍、冷蔵の技術によってはじめて、食品は何千キロという距離を運ぶことができるようになったのです。ただし、冷蔵・冷凍の方法は、冷やし続けることが必要です。

第四の方法はいぶすという方法です。おもに植物の組織から揮発する成分で食品についた微生物を殺菌する方法です。燻製はその代表です。ベーコンがよくみかける食品の一つですが、日本など東洋でよくみかけるものとしてはかつおぶしや「いぶりがっこ」というたくあんの燻製などの食品があります。また、電気が広まる前の時代には、主に東日本の家屋で囲炉裏の真上に網をしつらえ、その上に食品をおいていぶしていました。いぶすという作業は相当昔からあったようで、縄文時代草創期の鹿児島・上野原遺跡からは燻製に使ったのではないかといわれる「連結土坑」といわれる装置がみつかっています。むろんそれがほんとうに燻製に使われたのか真偽のほどはわかりません。

第五の方法は酢や塩につけることです。この方法も、酢、塩という食品が豊富にあることが前提です。酢には強い殺菌作用があるとされます。酢でしめた魚などが長持ちするのはそのせいです。また、日本から東南アジアにある「なれ寿司」など乳酸菌を使う発酵食品では、作られる乳酸菌がもたらす酸性の環境が他の微生物の増殖を抑えています。塩につける塩蔵では、食塩による殺菌効果のほか、食品の水分含量を低くして微生物の繁殖を抑えます。最近は健康志向の高まりから塩蔵品の塩分濃度を低く抑える傾向がありますが、それでは十分な殺菌効果が期待できません。

そして、第六の方法が、本書でも繰り返し述べてきた発酵です。先にも書いたように、発酵と腐敗とは現象としては同じものです。だから食品のなかで微生物が繁殖すること自体が悪いわけではないのです。問題はどのような微生物が繁殖し、どのようなものが繁殖を抑えられるかです。発酵を引き起こす微生物を繁殖させてそれによって腐敗を起こす菌の増殖を抑える——これが発酵の核心です。それにはいろいろな微生物の戦略があります。乳酸菌は自らが出す乳酸でペーハーを低くし酸性に弱い微生物の増殖を抑えています。発酵については次項で詳しく書きます。

さて保存の方法の中には、現代の科学技術によってはじめて登場したものがいくつかあります。それらを最後に紹介しておきましょう。ひとつは包装です。かつての日本には、葉で巻く食品がおおくみられました。この方法は特にモンスーン地帯でとてもよく発展しました。ササなどの葉で巻いたちまきや笹団子、マスの寿司、サクラの葉でまく桜餅、カシワの葉を使う柏餅、カキ(柿)の葉を使う柿の葉寿司などです。東南アジアでは、ハスの葉やバナナの葉なども使います。しかしいまではこれらは葉の形に切ったビニールに色付けしたフィルムが使われるようになってきました。さらに、通気性のまったくないフィルムで完全に密閉したうえ脱気したり窒素ガスを封じたりして酸素を遮断する包装が広まっています。缶や瓶に食品を詰める方法も二〇〇年ほど前に発明されました。缶詰、瓶詰やフィルム包装など工業的に開発された技術は加熱とセットで力を発揮するものです。つまり加熱によって殺菌したものを長く無菌の状態に置くというのがこの方法の特徴です(実際には封じておいてから加熱します)。

さらにまた、さまざまな薬剤が開発されました。殺菌料や保存料などがそれです。いまではこれらを抜きに食品の保存は考えられなくなっているのです。薬剤による食品の保存は、さきの包装同様、食品を大量に、しかも長期にわたって保存して運ぶ目的で工業的に開発されたものです。しかし安全性の観点からこれらはしばしば議論の対象になり、とくに初期の薬剤の中にはその後使用禁止になったものもあります。食べる人が、自ら蓄積した知に基づいて長い時間をかけて築き上げてきた方法とはこの点でおおきく異なります。生産者と消費者の乖離は、ここでも生じているといえます。

食品を安全に、しかもなるべく出来たて、取れたての状態で保存するというのは人類の長い間の夢でしたが、いまではこれらの方法をいくつも組み合わせた保存方法が食文化として確立しています。たとえばかつおぶしは、熱処理、燻製、乾燥、発酵の四つの方法を組み合わせてできた食品です。またベーコンは塩蔵と燻製、納豆は加熱と発酵、なれ寿司は塩蔵、発酵、酸を使う方法、といった具合です。

発酵

料理の中でも、発酵はもっとも広範で多様な技術を含みます。発酵は、広い意味にとれば、微生物によっておこされる人間にとって有益な変化をいいます。発酵には微生物が関与しますが、

表2　発酵の基礎知識（https://www.asahi-gf.co.jp/enjoy/hakko-plus1/knowledge/ などによる）

真核菌類	糸状菌（カビ）	麹菌	日本酒、甘酒、味噌、醬油、焼酎、泡盛
	酵母菌	酵母菌	清酒、ワイン、パン
細菌類	細菌	乳酸菌	チーズ、ヨーグルト、漬物、キムチ
		酢酸菌	酢、ナテデココ
		納豆菌（枯草菌の仲間）	納豆

このことから発酵食品とは微生物と動物または植物の働きあいの結果うまれた食品ということができます。もっとありていにいえば、発酵をもたらす微生物が、肉や魚のたんぱく質、あるいは糖分を「食べ」、産物として排出したアルコールや酸などを利用しているということもできます。つまり、発酵食品は、発酵微生物の死骸や排泄物からなる食品なのです。

発酵食品が人間の食品になるというのはどういうことなのでしょうか。発酵と似た反応に「腐敗」があります。発酵と腐敗とは微生物学的な観点からは同じ反応ですが、ただ、生み出されるものが人間に受けいれられるものであれば発酵というし、反対に、悪臭がする、中毒を起こすなど負の影響があるものを腐敗というだけのことです。

このようなわけで、どのような「もの」がどのような微生物に作用されるかによってさまざまな食品がうまれます。代表的な発酵食品としては、表2のようなものがあります。まず、カビの仲間である麴菌によってできるものとして、味噌、醬油や清酒などがありますこ。いずれも米や小麦などの穀類を発酵させて作られるものです。麹の働きは穀類のでんぷんを糖化させることです。清酒の場合は、麹によってできた糖を酵母がアルコールに変える作用を利用します。麹はカビの仲間ですので、高温、湿潤な環境を好みます。日本列島はじめ、東、東南アジアにこの種の食品がおおいのもうなずけるところです。

図22　フナ寿司

乳酸菌はとても広範囲に生息する菌です。日本列島でも、漬物のおおくは乳酸菌の働きでできますし、滋賀県の一部で作られるなれ寿司の一種である「フナ寿司」（図22）にも乳酸菌の働きがかかせません。乳酸菌はその名の通り乳酸を出すので、できたものには酸味があります。

遊牧民はじめ家畜を飼って生活する人びとの大地には、たくさんの乳酸菌が住んでいます。そこで作られる代表的な発酵食品はヨーグルト、チーズなどの乳製品でしょう。すこし変わったところでは、ウマのミルクである馬乳を発酵させた馬乳酒でしょうか。すこし癖はありますが、さっぱりとした酸味のあるなかなかの飲料です。アルコール度数はせいぜい二度か三度ですが、ミルクの酒を蒸留した「アルヒ」と呼ばれる蒸留酒もあります。

発酵をさらに広義にとれば、魚などに強く塩をし、細胞が持つたんぱく質分解酵素の働きにより作る食品があります。魚醤の仲間に含まれる「しょっつる」「いしる（あるいはいしり）」や、さらに「くさや」などがそれに含まれるでしょう。厳密な意味ではこれらの過程自身は細胞が持っているたんぱく質を分解する酵素の働きによるもので、この過程では微生物は介在しません。その意味ではこれらは発酵ではありませんが、製造過程では麴菌などの微生物の作用が並行しておきることがおおく、発酵食品に含めて考えられることがあります。現実には、発酵食品であるか、そうでないかの区別は簡単ではありません。

これらを含めた発酵食品がいつから食べられていたのかはわかっていません。ただし、発酵食品には長期保存が可能なものがおおく、また液体状のものも少なくありません。いきおい、容器にいれて保存するというスタイルが一般化したことでしょう。土器が世界一早く出現したのが東アジアであったというのも、このことが関係しているのかもしれません。また、土器をたくさん作ったり持ったりするようになると、移動生活は困難になります。人類の定住化とこの土器の出現、発酵食品の登場は深く関係するものと思われます。

料理の技

長い歴史の中で、料理の技もまた長足の進歩を遂げてきました。ここで改めて料理のプロセスをみてみましょう。まずは食材を揃えて洗ったり着いたごみを取り除いたりします。そしてそれらを切ったり、ちぎったり、削ったりしておおきさと形を揃えます。切るという作業は一見簡単な作業ですが、じつは食材の切り方にも料理人の長年の知恵の集積があります。例えば根菜を切るのに、繊維を断つように切るかあるいは繊維に沿って切るかで歯ごたえが変わります。

ウナギのさばき方は、日本では背骨に沿って開くように切りますが――背中から開くか腹から開くかの違いがあります――オランダや北欧では背骨もいれてぶつ切りにしてしまいます。サカナは身体の構造も複雑で、上手に無駄なくおろすには経験と知識が必要です。「このように切る」という技法は長い時間をかけて蓄積された知識や包丁さばきの技を必要とします。

4章61ページにも書いた通り、切るという作業には、庖丁という切れる刃物や、まな板という広くて平らな板が必要です。これらを作るにもまた、技術や道具が必要です。和庖丁を作るには、軟鉄と鋼を張り合わせて鍛錬する、焼きなます、研ぐなどの技術が必要です。ふいごや砥石などの道具も要ります。むろん製鉄の技術が不可欠です。切る道具の発達は武器の発達に支えられたものだったのでしょう。日本では「日本刀」という独自の刀が発達しました。柔らかい鉄を、硬くて鋭い切れ味を生む硬い鋼《はがね》で挟んで作ります。こうすることで鋭い切れ味を持ちつつも折れにくい刃物になるといいます。和庖丁の場合は、粘りのある鉄の片側だけに鋼を貼り合わせて作ります。つまり日本刀など両刃の刃物と違って硬い鋼の部分が片側にだけつくのです。「片刃」とは、こうした性質の刃物を呼ぶ呼び名です。

真っ平らなまな板を作るにはよく切れる鉋《かんな》が要ります。鉋を作るにも、鉋台《かんなだい》というまっ平らな厚い板を、硬い木で作らなければなりません。ちょっとでも反ってしまえばもう台無しです。それに、鉋で広い板を平らに削るのは相当の技術が必要です。加えて鉋の刃をきちんと研ぎだす、これまた技が必要です。このように、料理をしようと思えば、様々な道具を作る職人とその技、そして道具が必要になります。そして、道具が高度になればなるほど、そして技術が高度になればなるほど、よりおおくの特殊技能をもつ職人たちがうまれますし、そして彼らはますます自分の食を他者に依存するようになってゆくのです。

火は、いつでもどこでも、料理におおきな影響を与えてきました。火の効用はすでに書きましたのでここでは繰り返しませんが、火を使うことで料理の幅がぐんと広がったことは事実です。幅が広がったはかりではなく、料理の工程はぐんと長くなりました。

そうなると、一人の力でできることは限られてきます。分業が持ちこまれます。と同時に、「段取り」が大事になってきます。一つの作業をしている間に次の作業を考えること――これができない人は料理がうまくなりません。段取りを考えるということは、筋道を立てて物事を考えることに通じます。料理することは合理的な思考を鍛えることでもあるのです。

食材の組み合わせは、はじめのうちは食材の数も限られていたでしょうが、やがていくつもの食材を組み合わせるようになります。ここに料理の特質があります。何と何を組み合わせるかは2章20ページに書いた「米と魚」などの大枠に規定されてきましたが、細かな部分ではさまざまな組み合わせがうまれました。そしてそれらは代々、親から子へと伝えられてきたことでしょう。

儀礼や行事のときの食

人間社会には必ず集いがあります。ある目的をもって人びとが一堂に会し、何か「こと」にあたります。「こと」の内容も、時代により、また地域によりいろいろでした。何らかの宗教行事、田植えなどの農作業、祭り、あるいは結婚式や葬式などの行事等々。沿岸にクジラが打ち上げられたからそれを解体するなどというような突発的な行事のこともあったことでしょう。

行事には、地域の社会や人びとみんなが関係するものと、その家だけのものとがあります。前者にも、稲作などの農作業やそれに伴う祭りなど、暮らしやなりわいに密着したものもあれば、もとは中国由来でその後日本の公家や武家社会などによって改良が加えられた正月や節供などの行事もありました。あるいは夏のお盆（盂蘭盆会）もそうです。後者ですと、例えば子どもがうまれたこと（誕生）やだれかが亡くなったこと、あるいは結婚などがあげられます。

行事には、何か宗教的な色彩をまとい、あるいは公に定められた作法や次第をもつものがあります。仮にこれらは儀礼と呼ぶことにしましょう。儀礼は、その行事が社会的な行事であるか、個人的な行事であるかを問いません。たとえば葬式や結婚式などの個人的な行事でも、それぞれの宗教に応じた形式があります。キリスト教にはミサがありますし、仏教でも墓参の習慣があります。

人が集まればそこには必ずといってよいほど食がついて回ります。主催者は何らかの形で食を提供するのが伝統のやりかたでした。食を提供しなくてもかまわないのですが、主催者としてはそのほうが自分の立場を固めることにもなりますし、またばらばらに食事するよりずっと能率がよかったということもあったでしょう。それに何より、一緒に食事することで、集団としてのつながりを強めることもできます。子どものころ、人が寄ってくるとごちそうが食べられてうれしかったという体験をした人も、特に年配の人を中心におおいと思います。

こうしたことも関係して、行事にはそれぞれの行事に特別な食が用意されてきました。儀礼食、行事食などと呼んでいるのがそれです。行事食のなかにはその土地ならではの食材や料理もありますし、また、餅、赤飯のように「全国区」のものもあります。その土地固有の行事食については優れた研究書や一般書もたくさんありますのでここでは紹介しませんが、全国区や、全国区とはいわないまでもかなり広い地域に共通してみられる食材や料理をみてみましょう。

例えば正月の「雑煮」はどうでしょう。雑煮は北海道、沖縄県の一部を除く全国各地でふるまわれるお正月の料理です。雑煮に共通するのは「餅」が入っているところです（一部、餅なし正月といって、正月を餅で祝わない地域があります）。しかし、いれる餅が丸餅つまり搗きたての餅を手で丸めた餅なのか、平たくのした餅を四角に切って作る角餅にするかは地域により異なります。そして丸餅を使う地域では餅は焼かずに煮ることがおおいのですが、角餅は焼いてから雑煮にいれることがおおいのです。餅の形についていえば、丸餅を使うのは関西がおおく、角餅は関東ほか各地で使われます。

また、澄まし汁で仕立てるか、または白味噌仕立てにするかも、関西地方とそれ以外の地域ではっきり異なります。京都や大阪を中心とする関西では、雑煮は白味噌の仕立てにするところがおおいのです。餅以外の要素はまさに地域色の様相を呈します。出汁は、関西では昆布と鰹節ですが、関東では鰹節中心の出汁が使われます。北九州から北陸までの土地ではトビウオの出汁、つまり飛魚出汁《あごだし》を使います（図23）。また瀬戸内では煮干し（カタクチイワシの幼魚）が、さらに仙台周辺では焼いたハゼが使われることがおおいようです。また、雑煮にいれる具も地域により、また家庭によりさまざまで、その意味では地方に固有の食文化が残された土地ということに

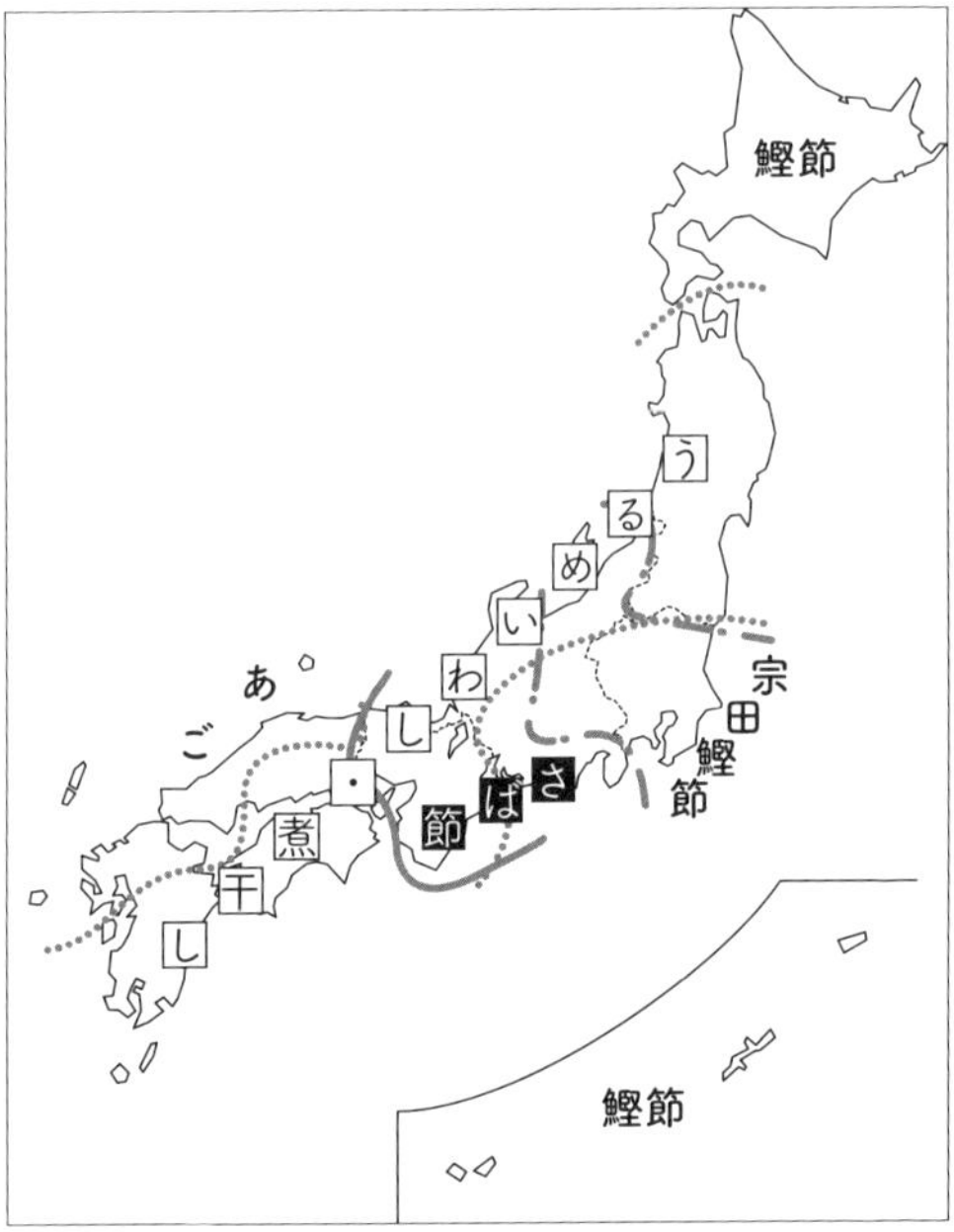

図23　出汁の地図

なります。

また、「全国区」になっている儀礼食についていうと、米の料理がおおいことも特徴でしょう。正月の雑煮以外にも、餅菓子などで米が使われることがおおいからだと思われます。これら行事食は、最近衰退が激しい和食のメニューの中でも、比較的まだよく社会に残されているようです。

食のパッケージ

料理とは、本章92ページにもかいたように、料理する人が頭で考えたメニューをかたちにしてゆく作業です。料理は伝統であると同時に創造です。だから、多様な食材が与えられれば料理の枠組は無限に広がります。現代のように食材が地球の裏側からも運ばれてくる時代では、なおのことそうです。しかしそれができるのは、輸送や食品の保存技術があるからです。いまからわずか一五〇年前まで、たとえば京都の町には動物性のたんぱく質はごく限られたものしかありませんでした。琵琶湖や近くの川や池で獲れる淡水魚が主で、海の魚など、滅多に手に入らなかったといいます。もちろん動物の肉など、家畜の肉を含めて希少なものでした。

人間は経験的に、動物性の食材（主にはタンパク質や脂質）と植物性の食材（主には糖質）を組み合わせて食べてきました。むろん例外はあります。極地に住む人びとの食はほとんどが海にすむ哺乳動物の身体です。筋肉のほか、油脂分が大切なエネルギー源になります。反対に植物性の食材しか口にしない人びともいます。しかしおおくの人びとは両者を組み合わせて食べてきたのです。この組み合わせを、「糖質とタンパク質」のパッケージと呼ぶことは2章22ページにかいたとおりです（図24）。

食材の移動には制約がありましたから、世界のどこに住んでいても、食べるものはご当地の食材でできたものばかりでした。食材を遠くに運ぶなど、望むべくもなかったのです。日本列島を含むユーラシア大陸の東岸には、糖質は米などの穀類から、タンパク質と脂質は魚から摂る食の文化ができていました。「米と魚」のパッケージです。ユーラシアの中央部から西の人びとは、糖質をムギから、そしてたんぱく質を家畜の肉やミルクから摂るパッケージができていました。「麦とミルク」のパッケージです。あるいは「麦と肉」のパッケージのかたちを取ることも

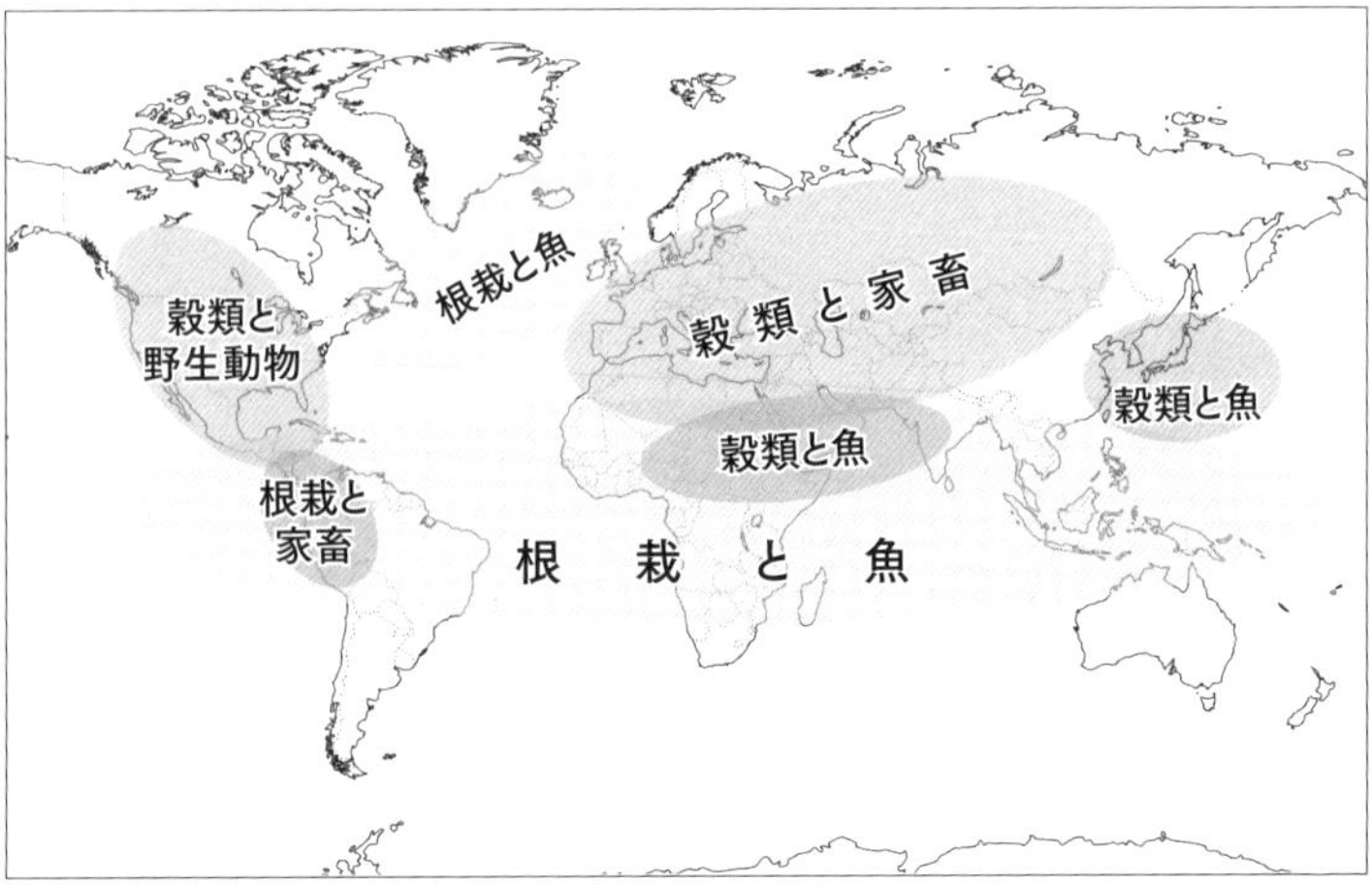

図24　食のパッケージ（おおむね17世紀以降）

ありました。

のちの時代になると、米と家畜の肉を合わせた料理も登場します。中央アジアでみかける「ピラフ」と呼ぶ料理は、ヒツジの肉でとったスープでご飯を炊いて作った料理です。「米と肉」と呼んでよいでしょう。牛丼もまた「米と肉」のパッケージの一つです。そして2章28ページに書いた「コロンブスの交換」が、食材の流通を地球規模に拡大しました。欧州では、一七世紀以降、ジャガイモの渡来に合わせて、「ジャガイモとミルク」というパッケージができました。さらに海沿いの地域には、「ジャガイモと魚」というパッケージもできました。英国の「フィッシュ・アンド・チップス」などその一例といってよいでしょう。このように、グローバル化の進展につれて、そして運送・貯蔵の技術の進展に伴って、いながらにして全世界から食材を手にいれることができるようになりました。それに伴っていままでにはなかったあたらしいパッケージがうまれてきたのです。

パッケージを構成する食材は時代によって変化してきました。急激な変化は何回か起きています。最初は、農耕が広まって文明が生じたときでしょうか。糖質源のおおくが、とくに都市部では保存が効き運搬も楽な穀類に置き換わったときです。第二の急激な変化は大航海時代がもたらしたコロンブスの交換でした。そして第三の変化が食の工業化、流通革命による食品加工の広まりによってでした。この第三の変化はいまなお続いているといってよいでしょう。

第一と第二の変化は、糖質（エネルギー）源の変化でしたが、第三の変化はタンパク質の変化であったといい換えることも出来ましょう。人類は、このように、状況に応じて食のパッケージを作り替えてきましたが、それはいい換えれば食のグローバル化そのものでもあります。そして将来これがどう変わってゆくのか、その変化を見据えてゆきたいところです。

第7章　作る人、食べる人

他者のために料理するなりわい――料理の専門家たち

先に、農業が他者のために食材を生産するなりわいだと書きました。仮に食材の生産を他者に依存したとしても、調理は自分で、という選択肢はあり得ます。いっぽう、その調理も他者に依存するという選択肢もまたあり得ます。他者、それも家族や顔見知りの人びと以外の他者のために料理する仕事は、都市の出現とともに登場しました。都市は、非農耕者たち――食を他者に依存する人たち――が集まるところです。彼らのなりわいは、ものつくり（工業生産）、交易（商業のなりわい）、運輸（人やものの運搬）、行政（政策を遂行する機関）、祭祀（宗教行事）など多様です。

料理はまた、旅という営みと不可分のものでした。人は昔から旅をしてきました。その目的はいろいろだったことでしょう。ある場合には商売のため。ある場合は戦争のため。そしてある場合は宗教行事などに参加するため。しかし旅を続ける上で必須の要件がありました。それが、旅先での食料が確保できることです。こればかりは代替が効きません。食いだめもできないし、あとでまとめてというわけにもゆきません。ともかく毎日コンスタントに二〇〇〇キロカロリーを超えるエネルギーと数十グラムのたんぱく質などを、日に二、三回にわけて供給しなければならないのです。

持ち運べばよいではないか――そう考えることもできるでしょう。実際、日本でも、昔の旅人は糒《ほしいい》や味噌をもって旅をしたようです。しかし運ぶ量には限界があります。仮に米を運ぶとしてその必要量を一日五〇〇グラムとすると一か月の旅では一五キロもの米を運ばなければなりません。麦の世界だと硬いパンを運ぶことになりますし、とくに水のない地域の場合にはその水も運ぶことになるとすれば一人一日三キロもの水を運ばなければなりません。砂漠の旅が長らく困難であったのは、食料や水の調達が困難だったからにほかなりません。

旅人たちは当然にしてどこかで食べ物を調達しなければなりません。少人数ならば、例えば旅の僧一人での移動ならば、どこか道すがら、「一宿一飯」の提供を乞うて泊めてもらうこともありました。しかし人数がおおくなるとそうはゆきません。だいいち、村には他者の食料を確保しておく余裕などそうはありませんでした。

旅が、旅人にとって好意的な土地だけを通るとは限りません。よそ者には冷淡な土地はいまもあります。いや、敵意をむき出しにしてくる人びともいるかもしれません。戦争となるとなおさらです。大軍が敵地を通過するのは大変なことだったのです。食料など大量の物資を、切れ目なく調達する「兵站《へいたん》」の上手下手が、戦果を左右していたといわれます。

旅が一般的になるにつれ、食の面で旅人たちの面倒をみる専門の職種ができてゆきました。近世に入ると旅人の宿と食の面倒をみる宿場町が発達をみました。ここに、もっぱら他者の食を支える外食という職種が誕生したのです。街道には宿場町もできました。旅とまではゆかなくとも、都市には他者に食を提供する料理屋ができてゆきました。たとえばおおきな寺の門前町や、遊郭のようなところでした。修行の僧侶たちが集まるおおきな寺では、自分たちの食を自分たちで賄うシステムが出来ました。それは、欧州の修道院も同じだったようです。

日本の武家たちは、相互に相手を招待する供応という仕組みをも発達させました。これがのちの本膳料理へとつながってゆくのですが、それらはすべて、他者を招くという非日常の行為のなかからうまれたものでした。食とは一面きわめて個人的な営みですが、他方、食材の生産、調理を他者に依存する体系が、こうして早くからうまれていたことがわかります。

人のために作ること

文明社会は高度分業社会です。だから、自分の食をすべて自分の手で準備することなどほぼ不可能です。なりわいのところ（1章4ページ）で説明したように、社会の分業がここまですすむと、食というトータルな営みを個人や家族など小さな集団で完結させようというのは土台無理なことです。しかし日本を含めた現代の先進国の分業はある意味で行き過ぎだと思われます。分業のゆきすぎは、全体の理解を困難にします。このことは、一九七〇年代ころには「疎外」という語でいい表されてきました。自分が社会の中でどのように役立っているのかという自己肯定感の否定が問題になっていたのです。

食べることについてみてみると、食べるために自分が何をすべきかを考える機会はほとんどないといってよいでしょう。いまの日本で、自分や自分の家族が一週間に食べる野菜を作ったり魚を釣ったりして食材を手にいれた人はどれだけいるでしょうか。あるいは二〇食ほどの食べものを自分の手で調理した人はどれだけいるでしょうか。料理もしなかったし食材の生産にも何も関与しなかったという人がおおいのではないでしょうか。「食の外部化」といわれる現象の極みです。しかし食べるために食材を手にいれたり料理したりすること、あるいはその最低限の技術を身につけておくことは、現代人にとって必要なことと思われます。

いま、家庭内での「個食」「孤食」が問題になりつつあります。先進国などではほんらいは家族で囲んでいた食卓がなくなりつつあるといいます。日本でも一九六〇年代ころから核家族が増え、次には父親が会社人間化し、団らんの輪から脱落してゆきました。やがて学校通いの子どもたちが塾やクラブ活動で食卓の輪につかなくなります。子どもの数も減り、かつてはおおきかった長子と末子の間の歳の差がなくなり、上の子が下の子の面倒をみる習慣もなくなってゆきました。母親もまた仕事に出るようになります。つまり家族のだれもが、家族のために食事の準備をする役割を果たさなくなったということです。母子家庭や父子家庭では、この傾向は一層顕著です。

おおくの個人が、家族とともに食事をする機会が減り、「家族のために作る」「家族が自分のために作る」実感が薄れてきていると感じます。「一人はみんなのため、みんなは一人のため」という言葉が空虚に響くようになってきている、ということでしょう。このままでは家庭内の分業、協力はますます弱まり、「食の外部化」はますますすすむでしょう。影響は子どもに真っ先に及びます。子どもたちを孤食（一人で食べること）や栄養の偏りから守るために、血縁を越えて食を提供する「子ども食堂」と呼ばれる仕組みが、いま急速に広まりつつあります。主眼は食の提供にあっても、それに付随する人間関係を切り結んでゆくような動きもあるといいます。子ども食堂を必要としているのは、貧困家庭ばかりではありません。ここが、現代の食の貧困の難しいところです。

断っておきますが、わたしは「女性は家庭に戻れ」「女は家庭で家事をしろ」といっているのではありません。本書を通読していただければおわかりいただけると思いますが、料理を含む家事は、家庭の構成員の皆が分担しておこなうべきものです。男性の中には、自分は家事を積極的に手伝っていると胸を張っていう人がいますが、「手伝う」という認識自体が問われているのだと思います。

いまは家事とくに料理に対する負のイメージが広まりつつありますが、料理とは、ほんらい、知の力、身体技術、芸術の感覚を磨くという「人間力」の鍛錬にはとても都合のよい所作のように思われるのです（6章91ページ参照）。そう考えれば、料理をしないのは損であると、男も女も考える社会が来ればよいと思います。

食べる人が作る人を育てる

作る人と食べる人の間にはどのような関係があるのでしょう。

外食の店では、料理を提供する側と客の間に、一種独特の人間関係が出来上がるといいます。たとえば江戸前のすし屋では、カウンターに座った初見の客との間に最初におこるのが「探り合い」なのだそうです。この客はどれくらい寿司に通じた客なのか、客単価はいかほどか、いっぽう客の側はどうすれば安い客とあしらわれないで済むか。そこで駆け引きが始まるといいます。おそらく似たことは、フレンチレストランでも起きているのでしょう。ワインを選ぶのに、ソムリエとどこまで渡り合えるのか。このような駆け引きの連続が、その町の食文化の水準を決めているともいえます。お高く留まっているわけでも知ったかぶりをするのでもないけれども、客も店もそれなりの人が集まっていれば食の文化のレベルは上がるでしょう。その意味ではレストランばかりでなく、例えば宝石店でも同じだといわれるかもしれません。しかし、食はいのちに直結する万人の営みです。それも毎日のことです。しかも、食は宝石とは違って、この世のすべての人が当事者であるという性格を持っています。重みと広がりが異なると思われます。

食べる人が作る人を育てる例をもうひとつ紹介しましょう。京都府の北部、京丹後市に「ばら寿司」という伝統料理があります（図25）。すし飯を箱に薄く敷き、その上にサバのおぼろ、甘辛く煮た刻みかんぴょうをのせ、さらにすし飯をのせます。そしてその上に、先ほどのサバのおぼろほか、チラシ寿司の具材を載せれば、彩り豊かなばら寿司の完成です。京丹後市でこのばら寿司の店を営むMさんは、ばら寿司の質を高めているのは自分のお店だけではなく、地域の人たち全員だといいます。地域では、何かの祭事の折にはこのばら寿司を作るのだそうです。A家のばら寿司は甘いが、B家のそれは深い味わいを持つ、などという具合に、使われる具材や味には家

図25　ばら寿司

ごとの個性があるのだそうです。各家庭では、「わが家の伝統」を守りつつも、他家のすしを食べて参考にしつつ技を磨いてきました。プロであるMさんも当然負けてはいられません。味ばかりかみた目の美しさにも気を配りつつ、腕を磨いてきたのだそうです。丹後のばら寿司は、こうした、高い品質を保ちつつ地域で愛され、最近では京都市内のデパートなどでも売り場を設けて販路を広げています。

おそらく、作る人と食べる人のこのような関係が、ある街や地域を「○○の街」にうみ育ててゆくのでしょう。この関係は、現代でもなお、宇都宮や浜松の餃子などの「ご当地グルメ」をうみ続けています。これからの時代の食をめぐる一つの方向性をここにみた気がします。

中食というスタイル

これまでに何度か「中食」という言葉が出て

図 26　デパートの中食食品（ローマで）

きました。だれか第三者が作ったものを買ってきて家庭で食べること、というような意味です。言葉としてはあたらしいですが、しかし、実態は相当に古くからあったようです。たとえば「仕出し」や「配達」あるいは「出前」もそれにあたるでしょう。ちなみに京都の町には、江戸時代の後期には仕出し屋があったといわれています。京の街は、この時代からものづくりの街であったといわれています。ものづくりといえば、焼き物の「京焼」、織物の「西陣織」などが真っ先に思い出されますが、その西陣で子ども時代を過ごした仲田雅博さん（京都調理師専門学校長）によると、西陣はじめものつくりに携わる家庭では、一家総出で作業にあたっていたのだそうです。当然、食事の準備をする時間はなかなかできません。作業は自宅でおこなうわけですから、だれかに、食事を自宅に配達してもらうか、買いにゆく必要があります。西陣のように、職人さんの家が立て込んでいる地域では、各家に食事を届ける「仕出し屋」という商売がなりたったのです。仕出しは、このような、家内工場式の「ものつくり」の現場ならではのシステムと思われます。

なお、中食ですが、いまではケータリング、配達は「デリバリー」というほうが通りがよいのかもしれませんが、仕出しはこれらとはすこし趣きが異なっています。仕出し屋さんはもともとはあらかじめ下ごしらえしておいた食材を客の家に持ち込み、そこの台所で最後の調味をして提供するシステムです。中食のスタイルは、この仕出しを含め、多彩です。デパートなどの食品売り場にあるさまざまな総菜店などは現代の中食の代表で、現代はこの意味で中食全盛の時代といってよいでしょう。食品も総菜ばかりではありません。パン、和洋菓子、漬物などなど。パンを中食にいれることには反対もあるかと思います。でも、パンは本場欧州でもずっと「中食」として発展し続けてきました。コムギの生産者でさえ、自分でパンを焼くことはまれでした。取れたコムギを粉ひき業者に手渡し、手間賃分を差し引いた残りの粉を受け取ると、今度はパン焼きの業者のもとにそれをもっていってパンに焼いてもらっていたのです。そして、消費するのはもっぱら家庭でした。

最近は、テイクアウト方式の総菜店も増えてきました。もっとも、テイクアウトの登場それ自体もそれほどあたらしいものではありません。大阪を中心とする関西の「粉もの」のひとつ、「たこ焼き」。その発祥は大正時代ころといわれますが、たこ焼きはなんといっても「舟」と呼ばれる舟型の容器にいれて持ち帰るのが主流でした。まちのパン屋さん、ケーキ屋さんも、いってみればテイクアウトの店です。

中食の語は、とくに台所を預かる主婦（主夫）には後ろめたい言葉だったといいます。家事を担当すべき主婦（主夫）として、ほんらいやるべき調理をさぼっている、つまり、手を抜いているとみられるうしろめたさだったといいます。いまでも、この後ろめたさを感じる人はおおいようです。

ファストフード

外食の特徴の一つが、不特定多数の人びとへの食の提供にあります。予約のシステムがあればべつでしょうが、そうでなければ今日何人の客が来るのか読むことができません。それでもやってゆくには、保存性のよい食材をあらかじめ用意しておくか、ある程度加工した食材を作り置きするなどの工夫が要りました。どちらにせよ、食材の入手から提供までの時間が長くかかります。客数が読めないジャンルのひとつがファストフード店でしょう。注文を聞いてから提供までの時間が短いこととあいまって、少ないメニューを大量にさばく必要があります。どこかで大量に下ごしらえして店に運びそこで最小限の加工を加えて客に提供するシステムができあがりました。加えて大都市では、古今東西を問わず、火災がおおきな政治、社会問題となっていました。日本でも、江戸や京、大坂など大都会はしばしば大火を経験し、そのたびに甚大な被害を被っています。江戸幕府も、火災には手を焼いていたようです。そのこともあって、火災対策は重要な政策の一つでした。そしてその一環で、幕府は長屋の町人に、屋内でてんぷらを作ることを禁じていたといいます。

考えようによれば外食産業との野合ではないかと勘繰りたくもなる政策ですが、ともかく、大都市では政策として外食が奨励される方向にあったことはたしかです。どれほど一貫した政策であるかはともかく、外食の奨励、ないしはその普及は、洋の東西を問わず大都市が持つ一つの宿命のようなものと思われます。わたしが調査でしばしば立ち寄ったタイのバンコクもそうした町のひとつです。夕方表通りにでると、歩道沿いの飲食店が車道にはみ出さんばかりにテーブルと椅子を並べて商売しています（図27）。朝食も外で摂ることが珍しくありません。バス停の前の飲食店では、スープ麺や皿飯の上にグリルした鶏、アヒル、豚肉などを載せたメニューが人気メニューでした。とくに前世紀の末ころまでは家庭用のエアコンもそれほど普及しておらず、狭い台所で汗まみれになって調理するのは、とくに共働きの女性たちには大変だったのでしょう。

外食といえばもう一つ、食の大国である中国を忘れるわけにゆきません。中国こそは、外食の

図27　バンコクの屋台

盛んな国柄です。おおきいものだと一〇人以上の人が囲むことのできる丸テーブルもあって、しかもいつおこなっても混み合っています。ところがその中国にもファストフードは確実に定着してきています。ケンタッキーフライドチキン、マクドナルドなど米資本のファストフード店は九〇年代から中国に進出していますし、また最近では駅や空港内にもファストフード店が出て、大勢の利用者でにぎわっています。みんなで円卓を囲めばウェイターやウェイトレスがメニューを持ってきて注文をきく、伝統的な店は地方におこなっても押され気味です。

ファストフードは忙しい現代には必須のもの——確かにそれはその通りと思います。便利なことこの上ない。「ファスト」とは「速い」という形容詞であり、わたしたちはその恩恵に浴しているわけですが、しかしよく考えると、その恩恵の代償はかなり高くつくようです。たとえば、ファストフードを支える「テイクアウト」に必須のプラスチックの容器についてみてみましょう。食後、わたしたちはそれらを「プラ」の表示のあるゴミ箱に捨てていれます。都会のマンションなどではどこもそうでしょうが、期日ともなると「プラ」を詰め込んだこれまた「プラ」の袋があたりにあふれています。わたしが東京暮らしをしていたマンションは戸数五五〇戸のおおきなマンションでしたのでゴミは地下にある集中管理室で取り扱っていましたが、週明けともなると足の踏み場もないくらい大量のプラの袋が山と積まれているのでした。あのプラはいったいどこへゆくのでしょうか。プラはいま、ファストフードに限らず、生活全般におよぶ問題になっています。

生ごみならば、適切に処理すればあまりエネルギーを使わなくとも土に還ってゆきます。つまり循環の環に組みいれられてゆきます。しかしプラは、あいにくと、分解されずにどんどんたまってゆきます。細かく砕けてはゆきますが、プラスチックであることに変わりはありません。ただ、砕けて小さくなってゆきます。マイクロプラスチックと呼ばれる、おおきさが一ミリにも満たないプラスチック片が、とくにいま海でおおきな問題になってきています。こうした観点から行政などでもごみを減らす政策を出していますが、あまり成果を上げてはいないようです。問題は、根本的に行きづまらない限り解決しないのかもしれません。最近になってプラの小さい破片が、海の動物たちの消化器に入り込み、彼らの命を奪っている実態があきらかになりました。プラは、やはり、生態系のおおきなかく乱要因であることが浮き彫りにされてきています。

それより何より、わたしにはプラの持つ味気なさがもっと気になります。生態系全体がひとつの機械になりつつあるような危機感を覚えるのです。食べる器はプラ、食べるものも幾重にも加工され、調味料も化学的に合成されたもの——そこには旬もおふくろの味もありません。料理好きで食いしん坊のわたしも、自分の力だけでは生きてゆけなくなった時、どこかの施設にいれられ、いやおうなしにそうした食生活を送ることを余儀なくされることでしょう。そう思うと何やらずしんと重いものを腹の底に感じることがあります。

話をファストフードに戻しましょう。ファストフードのもう一つの特徴は安いということです。安くて何が悪いかといわれるかもしれませんが、他より安い秘密は大量生産にあります。原材料の食材を大量に仕入れるから、生産費を抑えることができます。生産者は大変です。同じ規格の商品を、大量にそろえなければならないのです。むかしのように「農業は天候次第」などといっているわけにはゆかなくなってきました。大量生産は、必然的に、種類の数を減らすことになります。多様性は、このようにして失われてきたのです。

弁当と給食

作る人vs食べる人という構図からいえば特殊な位置にいるのが弁当と給食だろうと思います

（図28）。弁当の形態は、時代により、あるいは地域などさまざまな条件により、じつに多様です。その起源ははきりしませんが、弁当はおおくの場合旅と結びついた食の形でした。旅の目的もいろいろでしたから、弁当の形もいろいろだったことでしょう。戦国時代、領主の求めに応じて臨時の兵士となった農民たちは「三日分の腰弁当」を持参していたといいます。握り飯、餅、かちぐりのようなものだったようです。童謡『桃太郎』に出てくる「お腰につけたキビ団子」もまたそのようなものだったのでしょう。

旅が娯楽化し、おおくの人が出かけるようになると、弁当の姿も変わってきます。そのひとつが行楽弁当です。こちらは、作る人＝食べる人ではありませんでしたが、でも、作る人は食べる人がだれであるかを知っていました。江戸市民は、春の花見の時期には花見弁当をもって花見に出かけました。その時の模様が絵図などに描かれています。そして、その時のメニューも記録に残されていますが、なかなかに豪勢なものです。

図28　弁当

明治時代は、幕藩体制が崩壊し、日本というくくりが登場した時代でした。明治政府は明治憲法を制定し、オールジャパンの富国強兵策を強力に推しすすめます。そのひとつが鉄道路線の整備でした。一八八九年（明治二二年）には、大動脈である東海道本線が新橋〜神戸間で開通しています。当時は東京から神戸までの所要時間は二〇時間余り。長距離を移動する客のためにはその食事を準備する必要がありました。その一つが駅弁でした。主要な駅で販売される弁当で、次第に車内に持ち込まれてそこで販売されるようにもなりました。弁当は再び、旅の友になったのです。ただし駅弁の未来は、残念なことにあまり明るくないようです。コンビニなどの隆盛で、駅構内での弁当の売れ行きが芳しくないといいます。むかしは列車が停車するたび販売員がホームに並んで駅弁を売りさばきました。ホームで買い求めた弁当を食べることが旅情を誘い、旅の気分を高めたのですが、列車の高速化で停車時間が短くなったことや新幹線の列車のように窓の開かない車両が増えたことも駅弁を苦境に追いやった原因のひとつでしょう。食べる楽しみが薄まってきていることもおおいに関係していると思われます。

学校給食の普及も手伝って、児童・生徒が弁当をもって学校に行く機会も減りました。大人たちも、一九六〇年代ころまでは「店屋もの」と呼ばれた配達サービスを利用する人びととともに弁当持参で職場に出かけるのが普通でした。それがしだいにコンビニ弁当や弁当専門店あるいはファストフードのチェーン店、インスタント食品などに置き換わってきました。最近ではキッチンカーなども登場し、昼食の手段はどんどん多様化してきています。

弁当の文化は、最近は海外でも広まり始めています。列車内の弁当は、中国本土では一九八〇年代からかなり普通にみられるようになっていました。冷えたものが苦手な中国の人たちは、弁当もホットでした。欧州でも、パリなどでは「Ｂｅｎｔｏ」の名前でご飯とおかずの和食弁当が普及してきています。私がみたものは料金は一七・八ユーロとすこし高めでしたが、将来はもっと安くなってゆくことでしょう。

給食も、弁当同様、すこし特殊な食のスタイルです。それは主に、学校、病院、会社などで決まった人たちに食事を提供するものです。日本では、学校給食が一八八九年に山形県鶴岡市で始まっています。病院の給食も明治に入ってすぐ始まっています。いっぽう、会社などで給食がいつどういう形で始まったかをいうのはすこし困難です。というのも、商家などでは、すでに近世から、住み込みの労働者がいて、彼らは三食つきで働いており、それはある意味で給食といえなくもないからです。近代に入ると、軍隊、工場などでも相次いで給食が始まったといわれています。

給食は当初、食事が困難な場面で提供されるものでした。学校やその寄宿舎、会社、工場やその寮、病院などです。しかし最近では事情が変わりつつあります。社員の健康維持のため、児童生徒の食育のためなどがそれです。このように考えれば給食は社会における食生活の改善に貢献してきたといえますが、ただし給食にはその運用の面で負の側面も指摘されています。給食がもつ全体主義的な側面です。年配の人の中には、給食のときに「残さず食べる」ことを余儀なくされて苦しい思いをした人もいるだろうと思われます。小学高の低学年では、発達の度合いは子どもによりまちまちです。食べる量には当然個人差があります。また最近ようやく指摘されるようになりましたが、食物に対するアレルギーを持つ子もいるのです。ある食品にアレルギーを持つ子に、「好き嫌いはよくない」とその食品を無理強いするのは虐待以外の何ものでもありません。その他、宗教上のタブーなど、何をどう食べるかは他者に強要されるべきものではないのです。

最近はまた、SNSやテレビのコマーシャルによる「誘導」が問題視されるようになっています。「●●を食べなさい」「▲▲を食べてはいけない」と誰かにあからさまに強要されているわけではないけれど、そうせざるを得ない。あるいはそうすることが正しいかに思い込まされてしまっている――そんな状況が生まれているように感じられます。もし、企業などが財力にものをいわせて自社製品を売り込むためにそのような仕かけをしているのだとすればそれは大問題ではないでしょうか。

第8章　大量生産の功罪

同じものをたくさん

前章では、とくに近代以降の時代農業生産が大幅に伸びたことを説明しました。大量に生産された食材が大消費地である大都市に運ばれそこで消費されたことは想像に難くありませんが、それらの食材は一般家庭で消費されただけではありませんでした。それらの相当部分は外食店や中食の業者の手で加工され、消費者に提供されてきました。そしていま、日本では、米でさえ、一般家庭で炊飯される量より外食店で提供される量のほうがおおくなっています。中食産業のウェイトもまたおおきくなってきています。外食の伸びは景気によるともいわれ、消費の伸びは一進一退のようですが、長い目でみれば成長産業であることにかわりはないでしょう。つまり、大量に作られた食材は、一度に大量に加工され、消費者に提供されるようになってきた、ということができます。つまり「食の外部化」がすすんだのです。

ともかく、同じものをたくさん作る方式は農業自体を発展させ、都市人口の拡大をみました。現代社会の七〇億に達する人口は、農業生産の発展によるところがおおきいのです。いい換えると、いまわたしたちがあるのは農業分野における大量生産の結果だということです。わたしたちは大量生産を何か悪いことのようにいいがちですが、そうとばかりはいえないことがわかります。

大量生産―大量加工―大量販売の過程は何も農業の産物に限ったことではありません。畜産の産物や漁撈の産物にもあてはまります。たくさん作って、あるいはたくさんとって、一度に大量に加工するところがミソです。一部の食材は加工食品の素材に使われるようになりました。インスタント食品、冷凍食品、菓子類、缶詰や瓶詰された食品、酒類を含む発酵食品など多岐に及びます。そして日本を含む世界のいわゆる先進地では、生の食材の消費より、こうした加工食品の消費のウエイトが確実に高まってきています。しかも、加工の度合いは確実に高まりつつあります。

一度にたくさんの食材を加工するのは、家庭内で少量を加工するのと、いくつかの点で根本的に違ってきます。まず、品質を揃える観点から、画一的な産物が求められます。単一品種が求められる背景の一つはここにあります。曲がったキュウリやおおきさの不ぞろいな産物はうけいれられません。大量の「B級品」が登場するのもそのためです。食べ物は時間をおくと腐ったり、品質が低下したりします。さまざまな保存料が開発されましたが、これらによる健康被害は特に初期のころは相当に深刻でした。さいきんでこそこれらの薬剤も進化を遂げ、安全性も増しているといわれていますが、しかしそれでもこれらを使っているということは長時間の保存を前提にしているという事実に変わりありません。こうした問題に対処するのに、国や業界団体などが指針を作ったりして品質の向上と信頼性の向上に努めてきました。けれども今度はそれらの指針に背いた表示をしたり偽装したりする行為が頻発して、食の安全、安心がおおきく揺らぐ事態を招きました。どこのだれが食べるかわからない生産システムでは、どうしても安全性に問題が生じます。

さらに大量生産品がもたらした弊害に、食の倫理の喪失があります。ひとつは旬という感覚の喪失です。野菜などの食材にはみな「旬」があります。しかし、たとえば北半球の春は南半球では秋にあたります。季節が逆転するのです。南半球から北半球にものを運んでくることができれば、冬に夏作物を手にいれることも容易にできるようになります。しかしこのことは、野菜や魚に固有であった旬の感覚を失わせる原因ともなります。

旬の感覚を失うことは、食べ物について回ってきた「物語」を失うことにもつながります。日本に限らず、食べ物には季節やいわれなどがついて回りました。いま世界中で、とくに先進国やその地域で、人びとの食から、季節やいわれなどの物語が失われているのです。物語の喪失は、食べるものの価値を価格と栄養価だけに矮小化してしまいました。何を食べても物語がなくなり、そのために安ければそれでよいという考えを人びとのこころに植えつけることにつながったと思われます。そしてこのことが、人びとをますます、大量生産物に向けさせてゆくのだと思われます。

失われた食の倫理がまだあります。そのひとつが大量の食材、食品の廃棄です。環境省の発表によると、二〇一五年一年間の食品ロス、つまり食べられるにもかかわらず捨てられた食品は六四六万トンでした。この年の日本全国の米の生産量が約八〇〇万トンでしたから、重さにしてその八割に相当する食品が捨てられたことになります。これは大変な量です。食品廃棄でここ数年問題になっているのが「恵方巻《えほうまき》」です。切る前の巻きずしを、節分の日に恵方（縁起のよい方向）をみて丸かじりするという近畿地方の一部にあったローカルな習慣を、あるコンビニが東京に広めたことで一躍全国区になった一種の儀礼食です。なぜかこれがブームになり、コンビニばかりかあちこちのスーパーやデパート、挙句は寿司屋までが予約販売をするなどするようになったのです。ところが二〇一三年ころから、節分の翌日になると売れ残った大量の巻きずしが捨てられる廃棄が問題になり出しました。テレビやインターネットの映像に、巻きずしが、そのままの形で、大量に捨てられているシーンが映し出されたのをみた方も大勢いると思います。批判を受けて、一部のスーパーやコンビニでは、売れ残った巻きずしを家畜の飼料にしていると公表してその批判をかわそうとしましたが、今度は、「家畜のえさにすれば問題はないのか」「自分たちは、家畜と同じものを食べているのか」といった批判が噴出し、ようやく過剰な生産を自粛しようという動きがでてきました。

このように、地球上には日々食べるものに困る人びとが億の単位でいる半面、作りすぎたから、あるいは消費（賞味）期限が切れたから、というだけの理由で、食品を、いとも簡単に捨てたり、家畜のえさに転じたりしてしまう風潮があります。これはあきらかに倫理に悖《もと》るといえます。大量生産、大量加工は、半ば必然の結果としてこれらの問題を引き起こすようになったのです。

食の産業

食は、基本的には個人の営みでしたが、都市が成長し、都市民たちが食材の生産ばかりか調理をも外部化するようになったことで、あるいは交易の規模や範囲が広がって人びとの移動が常態化するようになったことで、食そのものを提供する「外食」というなりわいが成立しました。食の外部化の始まりです（7章119ページ）。この「食の外部化」の現象は家庭の中にも入り込んできます。第7章125ページにも書いたように、欧州には「パン焼き」という職人がいて、水車などで挽いた粉をもってゆけばパンに焼いてくれるのでした。小麦を粉に挽くのも水車小屋の粉ひき職人の仕事でしたので、家庭で消費するパンは、農村部でも、いまでいう「中食」のスタイルをとっていたことになります。パンだけでなく、さまざまな食材が、専門職人の手で生産され、家庭や外食店などで消費されるようになってゆきました。

日本でも事情はそれほど違っていなかったように思われます。味噌、醬油、酒などの発酵食品を中心とする食品や茶葉などの嗜好品は、はやくから専門の職人の手で作られ、販売されるようになっています。専門職人たちは一種の「座」を形成して自らの権利を守るとともに技術を高め、産業としての体裁を整えてゆきます。そして都市の発達により、これらの生産と流通の規模はどんどんおおきくなってゆきます。食の産業の始まりです。

工業の発展とともに、食の産業もおおきな発展を遂げます。日本では、「富国強兵」政策によって、大量の人口が都市部に流れ込んできます。それにつれて食の産業もさらに飛躍的な伸びを示し、日本列島全体に販路を広げるまでになります。生産の方法にも革命がおきました。生産量を一〇倍にするには、工場の面積を単純に一〇倍にすればよいというものではありません。新たな技術の開発が必要です。このことはどの分野でも同じですが、食の産業が他の産業とおおきく違うところは、製品である食品が人のいのちを直接支えているところです。製品の良、不良が、食べた人の健康に影響するのです。しかも、ちょっとした失敗が、何千、何万というおおくの人びとのいのちと健康を危険にさらします。

食の産業の発達の歴史は、こうした失敗の繰り返しの歴史だったと思われます。病原菌や寄生虫の繁殖を抑えるために、あるいは品質を保つために、さまざまな薬剤が開発されたのもこの時期のことです。同時にこの時期、色をきれいにみせるための発色剤や着色料なども開発されました。しかしこれらが人びとの健康に負の影響を与えたのではないかという懸念はいまも拭い去られてはいません。

食の産業の拡大は、いまや調味料や酒類のような発酵食品など限られた範囲から、乳製品、菓子類、飲料、冷凍食品、パン、漬物、はてには、ご飯、麵類、餅など多岐に及びます。食べるものが工場生産物になったのです。そして、産業の範囲が広がるたびにあたらしい技術が開発されました。同時にその技術を支える学問もおおきく発展しました。大量に同じものを生産する――これが産業の拡大には欠かせない要件の一つです。しかしこのことが、画一化をもたらしました。食べ物の多様性は、食の産業の拡大とともに失われてきたのです。食の産業の普及は、いわゆる「家庭の味」「おふくろの味」をも失わせたという指摘もあります。みなが、同じものをいつも食べる時代がやってきたというわけです。

いっぽうで、地域の味、家庭の味は簡単にはなくならないという人もいます。とくに、ハレの日の料理にその傾向が強いかもしれません。例えば醬油です。かつては、東日本は濃い口醬油、西日本（関西）は濃い口と薄口の二本立てといわれてきました。甘みの強い醬油もあれば、そうでない醬油を好む地域もあります。そしてこれらの違いはいまも健在です。家庭の味にしても、それほど画一化はすすんでいないのではないかという研究者もいます。ただし、さいきん急速にふえてきている単身者世帯では画一化は確かにすすんでいるといってよいでしょう。高齢者でも、単身者世帯ではその傾向が顕著だともいわれています。

「家庭の味」より深刻な状況におかれているのが地域の味であると、料理研究家の奥村彪生さんはいっています。かつてはどの地域にも「地域のまかない」がありました。結婚式から葬式のような家庭ごとの行事の助け合いのほか、祭り、小中学校の運動会など地域の行事などがそれです。行事には食がついて回ります。このときに情報が交換され技術が伝承されたのです。地域の食は、このようにして世代を越えて地域の中で守り育てられてきたのです。さいきんの地域社会の崩壊は、当然のことながら地域食の衰退を招いたのではないかと考えられます。そして、その隙間に入り込んできたのが工場生産物としての食であったのでしょう。

ぜいたく品

いっぽうで社会には、とてつもない高値がつく食品、あるいは食材があります。例えば正月のマグロの初セリでは、二〇一三年に、青森県大間産の二二二キロのクロマグロに一億五〇〇〇万円を超える値がついています（日本経済新聞一三年一月五日付）。正月のマグロの値段は一種の「祝儀相場」です。正月というめでたい日に、しかも初セリという年初めのおめでたい日に、一番の高値で競り落としして景気づけをしようという心意気なのでしょう。あるいは、競争相手を蹴落として落札することに満足を感じるのかもしれません。それに、新聞やテレビが派手に報道してくれるのだから、宣伝効果は満点です。

これほど高額ではないにしても、ちょっと考えられないほど高い食べ物の話をよく聞きます。一本一〇〇万円を超えるワインやウイスキーもそうですし、枝肉で一キロ一〇万円もする牛肉も話題になりました。どの話にも共通するのが、その価格が「ご祝儀相場」であること、つまりそのものの属性ではなく、その場その日の特異な条件で決まった価格だということでしょう。

もちろん、高値に意味のあるものもあることでしょう。希少価値のあるもの、入手に大変な苦労が伴ったものなどがそれです。白トリュフ、マツタケ、中華料理の食材に使われることもある「燕の巣」、サフランやバニラビーンズなどがそれにあたるでしょう。これらの食材を手にいれるのに、いくらまでなら払えるかは、ある意味では個人の判断の問題です。これらほどではないにせよ、同じ品目でも値段の差がおおきなものがいくつもあります。ここで、価格差が品質の違いをちゃんと反映していれば問題はないのですが、中にはそうではないことがしばしばあるのです。

お米の「コシヒカリ」の偽物が問題になった事件がありました。「コシヒカリはうまい、だからコシヒカリは高い」という「コシヒカリ神話」ができあがり、おおくの人がコシヒカリを買い求めたのです。そこに、コシヒカリ以外の品種の米をまぜた「偽コシヒカリ」が登場しました。

全盛期にはコシヒカリとして流通しているコメのざっと三分の一がコシヒカリ以外の品種の米を混ぜた「偽もの」であったという事件です。「偽コシ」事件が起きた理由は複雑ですが、直接の理由の一つが、コシヒカリと偽コシヒカリの区別がつかない消費者が大勢いたことだろうと思われます。騙された消費者のおおくは、そういわれるまで偽物であることには気づかなかったといいます。だからこそ騙された消費者たちは怒りの声を上げたのです。しかし考えてみれば、なぜその消費者はわざわざ高いコシヒカリを買い求めたのでしょうか。味の区別ができないのだから、それなら何も高い米を買う必要はなかったといういい方もできます。騙されたほうが悪いといっているのでは決してありません。でも、もし消費者の舌が偽コシを判別できるだけの精度を持っていれば、偽コシはこれほどまでに拡大しなかったことでしょう。

偽コシ事件では、この国の社会に固有のある種の傾向をみて取ることができます。かつて「安物買いの銭失い」「安かろう悪かろう」などのことわざがありました。第二次世界大戦の前後に、値段が安いからと飛びついてみれば粗悪品だったという苦い経験からきた考えだと思われます。二つの体験とは、一見すると対極的な体験のようにも思われます。しかしよく考えてみると両者にはある共通項があるのに気づくでしょう。どちらも、自分の感性に頼るのではなく、価格、値段という外形的な数値に頼ってしまっているところです。

食べないという選択

ここまでのところでは人間がさまざまなものを食べるためにいかに工夫してきたかを中心に考えてきました。ところが中には、さまざまな理由から、ある特定の食品を「食べない」選択をしてきた人びととその社会があります。食にまつわる「タブー」がそれです。

タブーといってもその範囲はとても広いです。一つには、宗教的な理由によるタブーがあげられます。例えばイスラム教における豚肉や酒類がそれです。イスラムの場合、仮に鶏肉や羊肉であっても、ハラールという認証を受けたものでなければ口にできません。ヒンズー教徒の中には、牛肉はじめ動物性たんぱく質を口にしない人びとが大勢います。インドにはさらに戒律の厳しい宗教もあり、たとえばジャイナ教徒は根菜も食べないといいます。いのちの大切さを考えれば、論理的にはあらゆる生命は守られなければなりません。自分が生きるためには他の生命は犠牲にしてよいのか。もしそうだとして、その理由はなにか。この問いは、人類が三〇〇〇年以上の長きにわたって考え続けてきた問題です。

戒律の厳しさや厳格さもいろいろです。たとえば金曜は肉を食べず魚を食べるというキリスト教の人びと、修行のために山に入っている間は「四つ足」を断つ修験道の人びとのように、「条件」をつけてその期間、その場所ではある食品をタブーとする人びともいます。

これらの食のタブーは、ある種の文化的な約束事ということになるでしょうが、その背景にあるものは何でしょうか。はじまりは、ある種の食べ物、それも美味しいものや必須のものを断つことで、自らのこころを律し、あるいはそれを範として他者に示すということでしょうか。何かのできごとを契機としてはじまったある習慣が社会の中で広まり、それがそのまま世代を越えて定着した、というようなことだったものと考えられます。

そしてもう一つ重要なことは、こうした「タブー」ないしは「習慣」の前では科学は無力だということです。わたしがまだ二〇歳代だったころの友人、遺伝学者で敬虔なヒンズー教徒のガネシュ・プラサドさんはその戒律に従って、かなり厳格な菜食主義者でした。一緒に食事に行っても、彼は決して肉や魚は食べません。その彼がよくこういったものです。

「僕は若い時に肝炎を患った。そのときに医者からは動物性たんぱくを摂りなさい、とくに鶏卵を摂りなさい、そうしないとよくなりませんよといわれました。でも僕は決してそうしなかった。動物性たんぱく質を摂らないのが僕の生き方なのです」と。つまり彼はいかなる時でも、動物性のものは食べないと決めているのです。多少の誇張はあるかもしれませんが、食のこだわりとはそれほどに強いものだということは確かだと思います。

宗教がそれほど深く関係せずとも、ある種の食材を遠ざける習慣を固く守り続ける人びとも世界にはたくさんいます。動物性の食材を食べないことを信条とする菜食主義の人びと、動物性食材の中でもいわゆる「四つ足」を食べない人びと、白砂糖は口にしないと決めている人など、その種類はずいぶんとおおいと思われます。さいきんでは食物を含む動物性の製品を使わないビーガン食が広まりをみせています。そしてその割合はいま確実に増えつつあるように思われます。背景には人間の生存基盤であるところの地球環境の悪化にあることは確かでしょう。

さいきん、摂食障害という語を耳にする機会が増えたように思います。過度に食を抑制する拒食症と、反対に短時間に多量の食物を食べてしまう過食症とがありますが、拒食症が過食症を誘発することがおおいようで、両者は別ものではないようです。生理的な異常というより、むしろこころの病であるようで、現代の社会や家庭のありかた、またはそれらの環境の急激な変化がこのような現象を引き起こすのかもしれません。

3

人体内で

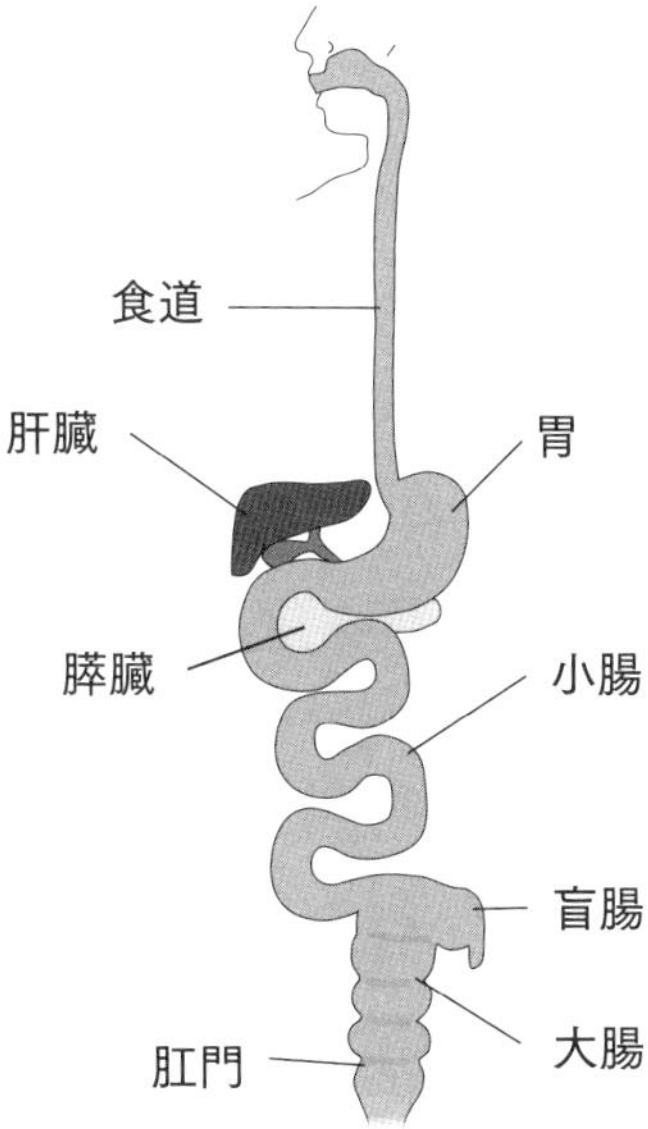

ヒトのチューブ構造

人間をチューブとしてみると…

第9章　五感

五感の役割

動物としてのヒトは生きるために食べなければなりません。生きることは食べることです。食べられるものがどこにあるのか、あるいは目前にあるものが食べられるものかどうか、などを判断する必要があります。だから、動物には、これらの判断のための感覚器官が備わっています。肉食動物は、餌となる草食動物をみつけるのに、鋭い視覚と嗅覚をもっています。反対に、食べられる側の草食動物も、肉食動物の攻撃をかわすための感覚——視覚、聴覚、嗅覚など——を持っています。

どの動物でも、目前の生きものたちが生存にとって有益なものとは限りません。おおくは、有益でも無益でもない、無関係の関係、とでもいうべき存在でしょう。しかしなかには有害なものもおおくあります。何が有益で何が無益または有害か、こうした情報を得るためにも、五感が必要になるものと思われます。つまり、五感は生存のためのセンサーだということです。

ヒトも同じです。ヒトが口にいれるものの中には、身体にとって毒になるものもすくなくありません。毒とは生命活動に悪い影響を及ぼすものをいい、かなり広範にあります（3章41ページ）。食べるものに限ってみても、例えば、カドミウムなどの重金属、フグなどの魚がもつ毒である魚毒や貝毒、ドングリやマムシグサなどの灰汁《あく》、病原菌が出す毒素など多岐に及びます。これらを多量に体内にいれるのは危険です。下手をすると命を落としかねません。そこで、人間にはこれらに対する防御機能があります。本書「はじめに」で「チューブ論」の紹介をしましたが、このチューブの入口に、五感がつかさどるいくつかの関門があるのです。ドングリやマムシグサをみつけたら、これは普通では食べられないものだと判断します。これには視覚が関係しています。むろん判断は脳の仕事で、視覚は脳の作業の手助けをするのです。腐ったものは嫌なにおいがすることがあるので、口に入る前に「これは腐っているな」と判断ができます。嗅覚の仕事です。最後の関門は舌です。酸っぱいとか苦い、あるいは変な味がするなどの判断材料が提供されます。

関門は体内にもあります。毒物が口に入ったとき、人体にはそれを反射的に吐き出す機能があります。知識に基づく判断ではなく、身体が脳を介在せず反応するのです。反射といいます。臓器の中でもとくに重要な脳には特殊な関門が備わっています。脳組織にはある種の物質が入らなくなっているのです。血液中にはあっても脳組織には届かなくする一種の防御機能として働いているものと思われます。これを血液脳関門（blood-brain barrier）と呼んでいます。

自分で調理した食べ物ならばその素材が何であるかは簡単にわかることでしょう。しかし他者が料理したものの場合は、どのように判断できるでしょうか。どの感覚を使って判別しようとするでしょう。味なのだから「味覚」と、わたしたちは考えがちですが、真っ暗な部屋で食事する例（後述）を考えればわかるように、視覚が断たれるとものの味がわからなくなるのです。食材の判別には、視覚や嗅覚、歯ごたえ（触覚）などの感覚が動員されているものと思われます。

五感のうち視覚、聴覚、嗅覚そして味覚の四つには、それぞれの感覚をつかさどることに特化した器官があります。視覚には目が、聴覚には耳が、嗅覚には鼻が、そして食にとって最も本質的な味覚には舌が、それぞれ備わっています。そしてそれぞれの器官には、対応する外からの刺激を受け取る専門の細胞があることが知られています。これら四つの感覚とは異なり、五つ目の感覚である触覚には、専門の器官はありません。そもそも触覚という感覚は他に比べるとうんとあいまいです。食に限ってみても、熱感（あるいは温度感）、歯ごたえ、舌触りなど、多岐に及びます。食器が口にあたるときの感覚も触覚に入るだろうと思われます。おそらく複数の器官のおおくの細胞が、触覚といわれる感覚の受容装置として働くものと考えられます。

そしてそれらの細胞は、例えば目の網膜細胞は、眼球を通して光の刺激を受け取るとその波長や強さなどを電気信号に変えて脳に伝えます。脳はその信号を情報として処理します。それぞれの器官の細胞から情報を受け取った脳は、過去に受けた情報（これが記憶です）や他の感覚の情報を総合して、それが何ものかを判断するわけです。この「過去の情報」という部分が、実は決定的に重要です。過去の情報は個人によってさまざまにことなりますから、ここに個人の感覚の相違がうまれます。受容細胞の感度も個人によって違いがあるでしょうから、ここで個人差が出ることはあるでしょうが、やはりおおきくは過去の情報、つまり脳に左右される部分がおおきいと思われます。そしてこの部分は後天的に決まります。五感を鍛えるといういい方をすることがありますが、それはいろいろな刺激を受けて、それらの刺激によって得られた情報を脳に蓄積してゆくことにほかなりません。体験が、五感を鍛えてゆくのです。

なお、五感をめぐる研究は最近急速にすすんでいます。あたらしい研究成果が、それもさまざまなアプローチですすめられ、その成果が日々発表されています。とくに脳科学や認知機能に関する研究の進展が著しいように思います。これらに関する本もいくつか出ていますので、関心のある方は探して読んでみてください。

視覚の役割

五感のうち視覚の果たす役割は、食べる行為にとってきわめて大です。食べる行為だけではありません。耕したり動物の群れを管理したり、はたまた数キロ先の魚の群れをみつけたりと、視覚に頼らなければできないことがいくらもあります。それと、現代社会ではとっくに忘れられていることですが、生態系の中ではヒトもまた、食べられる対象でした。襲い来る捕食者から身を守るには視覚がおおきな役割を果たします。

ここでは食べるという営為にとっての視覚について考えることにします。視覚はまず、食材のありかを遠くからみつける手段として有効です。猟師が獲物をみつける目がこれですし、さらにはトマト農家が、「この実は赤く熟れていてもう収穫してもよい」とか、反対に「この実はまだ青いからとらずにおこう」などの判断の支えになる感覚です。料理されて食卓に上った食べ物をまず楽しむのも目、やはり視覚です。お弁当箱を開けた時、赤いプチトマトの赤、レタスやピーマンの緑などの彩《いろどり》もまた、視覚に訴えかけてきます。一般に、暖色系の食品は食欲をそそるといいます。いっぽう青い色の食品は食欲を減退させるのだそうです。自然界には青い色の食材がないからとされています。

視覚で得られる情報は、光の波長（色）と強さのほか、対象物の移動の速さや動き方などです。

これらは客観的な指標で、だれがみようと変わらないと思われがちですが、そんなことはありません。わたしは以前このような経験をしたことがあります。ある秋の日、京都の文化に詳しく、また茶事にも通じた太田達さんを訪ねたのです。老舗和菓子店の店主でもある彼は和菓子の作り方を一とおり説明したあと、実際にお菓子を一つ作ってくれました。名前は忘れてしまったのですが、秋にちなんだ、やや赤みがかった、紅葉の葉をかたどったお菓子でした。もちろん、生菓子です。わたしは、秋という季節を表すには地味な色合いだな、と思っていました。話がすすみ、日が暮れかけたころ、彼はわたしを茶室へといざなったのです。電気のない、薄暗い茶室を照らすのは一本の細いろうそくだけです。空気の流れがあるのでしょう。ろうそくの炎が揺れていました。一呼吸おいて彼が現れ、私の前に先ほどのお菓子をおいたときです。なんとそのお菓子はじつに鮮やかな紅葉葉の色をしているではありませんか。そうか。昼間みた地味な色合いは、ろうそくに火に照らされることを計算しつくした配色だったのです。ろうそくの炎が揺れると、お菓子までがまるで川底に沈んだ紅葉葉《もみじば》のように揺れてみえているではありませんか。

「どうぞ」

彼にそう促されるまで、わたしは生命を吹き込まれたかのようなその菓子を手に取ることなくじっと眺めていたのでした。

何がいいたかったのか、もうおわかりのことと思います。色とは、その波長によってきまる光の性質です。目に入る光は、私が目にしているその「もの」が発する、あるいはその「もの」が反射する光ですから、その色は客観的な存在だと、だれもが思っているのです。でも、そのお菓子の色は、どんな光の下でみたかで変わってくるのです。

「ろうそくの光に照らされた色なのだから、だれがみても同じだ」

「その意味で、お菓子の色の客観性に変わりはない」

そういう声も聞こえてきそうです。しかしそれは、「ろうそくの光に照らされている」ことを知っているからいえることです。ひょっとするとわたしたちの世界は、まだだれも知らないフィルターを通してみている世界なのかもしれません。客観性とは、しょせんそのようなものなのだとわたしには思えるのです。

そういえば、細かく刻んだ食材などはそれが何であるかをいい当てるのが難しくなります。過度に調理した食材もそうです。以前一度、真っ暗な部屋で食事する会に出たことがありましたが、とても不思議な感覚でした。当然判別できるはずの食材がなんであるか、さっぱりわからなかったのです。わたしたちはものを食べるとき、それが何であるか確かめながら食べます。これは魚だとか、魚でもこれは鯛だ、ヒラメだと確かめることがおおいと思います。肉を食べても、これは豚肉だ、牛肉だなどと確認します。

視覚がものをいうのは、たんに食材や食品そのものの色だけではありません。器の色は、食品を引き立てるのにおおきな役割を果たします。白の器と黒の器とでは、盛られた食品が違ってみえます。食器の形や色も食欲に影響するでしょう。夏、暑い日が続くと食欲が失われることがあります。そんなとき、涼しげな色合いのガラスの器に冷やした料理を盛りつけることで食欲が回復したりもします。あるいは、その食器の作者の情報も「おいしさ」に関係してくることでしょう。歴史を持った高級料亭が客に出す器にこだわるのも、ひとつはそのためです。そして「〇〇作の茶碗」などの情報は、おもに視覚を通じて得られるものです。

聴覚と食、触覚と食

一個の動物としてのヒトにとって、聴覚もまた生存に欠かせない感覚です。迫り来る天敵をいち早く察知するのも、場合によっては聴覚による部分の方が視覚によるそれに比べて大です。また自分たちにとって食べられるものかどうかの判断に、聴覚を使うこともあります。私が子どものころは、スイカの収穫にあたって食べごろかまだ早いかを、スイカの皮を指ではじいてその音で判断していました。

聴覚は、人間社会でも食と深くかかわっています。土鍋でご飯を炊くとき、土鍋の中から「パチパチ」という音が聞こえたら火を止めて「むらし」に入ります。これ以外にも料理の過程で音に頼る局面は結構あります。よく熱したフライパンに溶いた卵を流し込むとき、ジュウッという音がするのが適温のめやすだそうです。揚げ物をしていて、よい加減に揚がった具合は、出る泡のおおきさと音で判断できるといいます。つまり、音が、調理時の温度や水加減を知らせてくれているわけです。音は、鍋の内部にあってみえない、あるいは高温で触れることができない時などに使えるセンサーになっているというわけです。

甘酢につけた「らっきょう」や茹でた「うど」は「シャキシャキ」した食感がよいといいます。餃子の皮は「パリパリ」しているのが好まれます。「シャキシャキ」や「パリパリ」が聴覚に関するものとするか、あるいは触覚に関するものとするかは微妙ですが、これら「シャキシャキ」「パリパリ」のような語はオノマトペ（擬音語）と呼ばれ、食べ物の触感などをいい表すのによく使われます。「擬音」の語があらわすように、音に関係した語といってよいでしょう。音など、食べることに関係ないと思われるかもしれませんが、このようにみてみると決してそうではないことがわかります。

他の感覚に比べると、触覚に含まれる感覚はあいまいで、おおくのものが含まれます。ジャガイモやニンジン、ダイコンなどの皮を薄く剝くには指先の感覚が必要です。庖丁使いということになりますが、その庖丁を研ぐ作業などはまさにこの指先の感覚を必要とします。

触覚には、先に挙げた歯ごたえ、舌触りなどの感覚のほか、熱い、冷たいという温感も含まれます。温度は、舌、口腔、指先、手のひらなど身体のさまざまな部位で感じ取ることができます。それが温感の特殊なところでしょうか。食に強くかかわるところで一つ例を挙げておきます。日本酒は温度によって飲み方の変わる酒の一つですが、温度を高くして飲む「熱燗《あつかん》」、ぬるくして飲む「ぬる燗」「人肌燗」「日向燗《ひなた》」などがあります。いずれも好みの問題かと思われますが、温度が変わることで味わいが変わるのは確かです。おなじ醸造酒であるワインもまた、温度によって味わいが変わる酒です。とくに白ワインは温度をすこし下げたほうが味わいがよくなるといわれています。

甘みは、温度が変わると感じ方が変わります。甘みを感じさせる糖類は分子量が比較的小さな糖類（単糖類やオリゴ糖など）ですが、このうちもっとも強い甘みをもたらす果糖（フルクトース）は、温度が上がると甘みを感じさせなくなります。

自分で料理する人はおわかりかと思いますが、硬い根菜など（たとえばサトイモやダイコン）を調理するとき、もう十分やわらかくなったかどうかをみるのに、竹串を刺してやわらかさをみることがあります（図29）。竹串が「すっと入る」感覚は独特のものですが、そこまで熱が通ると、舌触りもやわらかな煮物になっています。煮たイモがごろごろした食感をもたらすことほど舌に触るものはないと思います。舌触りというのも幅の広い感覚で、例えばヨーグルトの中には「舌にまとわりつくような」、うっとりとさせる食感のものがあります。和食の食材でも、例えば、ゴマのペーストには似た食感があります。刺身を切るときに、切り方を変えると味が変わります。刺身の剣《ケン》を作るときに、薄くかつらむきにした大根を、繊維に沿って細かく切るのと、繊維を断ち切るように細く切るのとではみばえも歯ごたえも違います。和食の世界では、前者を縦ケン、後者を横ケンと呼んで区別しています。このように、この歯ごたえという感覚はとても大切です。ケンも、縦ケンと横ケンでは歯ごたえ（シャキシャキ感）が違います。「味」とわれわれが呼んでいる感覚には、味覚のほかにも触覚や、次に述べる嗅覚（臭覚）が深く関係しているものと思われます。

図29　竹串で硬さを調べる

触覚として特殊な感覚が、サトイモやヤマノイモなどの皮をむいたときに手がかゆくなる感覚でしょうか。かゆみは、イモに含まれるシュウ酸カルシウムのせいですが、シュウ酸カルシウムは針のようなとがった形をした結晶体です。手につけばかゆいくらいで済みますが、口に入ると舌やのどが強い刺激で腫れあがり、ひどい場合には死に至ることもあるといいます。かゆみが、危険信号になっているともいえます。

嗅覚と食

嗅覚は、味覚と並んで食にもっとも深くかかわる感覚です。動物にとって嗅覚もまた、敵の存在を察知し、あるいは自分の餌となる動植物の存在を知る感覚です。肉食動物が獲物に近づくとき、風下から獲物に近づくといわれますが、風上から近づくと音やにおいで察知されやすいからなのでしょう。食べるものを口にいれる直前の段階でのセンサーといってよいでしょう。イヌやネコを飼っている人は、彼らが何かを口にいれる前にまずにおいをかぐしぐさをするのをご存知と思います。嗅覚の役割は、人間にとっても重要です。いわゆる毒物の中には無味無臭のものもありますが、腐敗臭のような生理的に嫌悪感を与える悪臭が感じられるものもおおいと思われます。動物としての本能に触るのでしょうか。あとで書くように、例えば酸味や苦味は、そのものが人体に有害かもしれないことを示す一種の注意信号だといわれます。おそらく「酸っぱいにおい」も、類似の役割を果たすのでしょう。味覚が、危険物質のセンサーだとよくいわれますが、口に入ってしまってから「これは有害」だとわかっても時遅し、ということもあり得ます。嗅覚の場合は、口に入る直前に検知できますので、センサーとしてはより有効です。

嗅覚には、これとは反対に、必要な栄養素を含むなど、積極的に摂取すべき食品であることを感知する役割もあります。たいていの食品は固有のにおいを持っていますから、口にする前にそれが何であるかを私たちは知ることができます。むろん、「知る」には、過去の記憶が必要です。過去の記憶に照らして、「これは牛肉である」「これは茹でた鶏の卵である」「これはパセリである」と判断ができるのです。記憶にない香りをかいだ時、自分の記憶に照らしていつものにおいとは違うとき、脳は警戒信号を発します。しげしげと眺める、改めてにおいをかいでみる、それからおそるおそる舐めてみる、といった一連の行動を取ることになります。

とはいえ、においだけでその食材が何であるかをいい当てることはそれほど簡単なことではありません。たとえば、目をつぶって、あるいは真っ暗な部屋で料理のにおいをかいでみましょう。おそらく意外なほど、いま食べようとしているものが何であるかをいい当てるのが難しいことに気づくでしょう。例えばいま目の前にあるのが例えば海老グラタンだとして、それが海老グラタンであると判断することは、みればこそわかることであり、においをかぐだけでは相当に難しいでしょう。いま口にした食物が何なのかは、五感を総動員してわかることだと思われます。

嗅覚を失うと、ものの味そのものがわからなくなるといいます。おおくの人が経験したことがあるでしょうが、風邪をひくと一時的に嗅覚を失うことがあります。においがわからなくなるのです。そしてにおいがわからなくなると、同時にものの味がわからなくなります。こうしたことを考えあわせれば、その食べ物が何であるかの判定は、複数の感覚を用いて初めてわかることのようです。

嗅覚のセンサーで感じ取られるもの――つまりにおい――は、もっとも言葉で表現しにくいものです。だからもののにおいはしばしば「〇〇のような」という比喩で表現されるのです。よいワインの説明文句に使われる「フルーティな香り」「スパイシーな香り」などのように。しかし、比喩はある意味不正確です。「フルーティ」だという言葉は同じでも、人によってその中身は同じではありません。現在人類がもっている文字という知の伝達手段は、嗅覚で得られた情報の伝達にはそれほど有力ではないようです。人類には、今後、こうした感覚を他者に伝える新たな手段を開発しなければならないのだと思います。

何かの香りをかいだことで、ふと遠い過去のできごとを思い出す――こうした経験はだれもが一度は経験したことがあると思います。同時にまた、香りは人と人とを強く結びつけます。それはひとつの「物語」をうむことでしょう。他者と同じ香りを体験したことがわかったとき、当事者の間には強い連帯意識がうまれます。「共感」するのです。

第10章　味覚

味覚と味覚障害

味覚は舌で感じる感覚です。味覚は、甘味、辛味（塩辛さ）、酸味、苦味、うま味の五つにわけられることがおおいようです。「おおいようです」とややあいまいな書き方をしたのは、文化によって定義が異なるためです。とくに「うま味」については民族の違いが反映されているようですし、油脂に対する味覚やその表現も、民族や文化によってだいぶ違います。

味覚を感じるのは「味蕾《みらい》」という器官で、人間の舌には約一万個の味蕾があります。そして味蕾にある「味細胞《みさいぼう》」が味を感じるというわけです。ただし、先に書いた五つの味に対応する味蕾や細胞があるわけではないといいます。味の世界は不思議です。

ここで重要なのは、いま食べたものが何であるかの判別が脳でおこなわれるということです。

それが何であるかは、過去に脳に送られたシグナルの総和であるところの《記憶》に照らして初めて判断されるものです。幼児期のヒトには、もちろん食べたものの味や色、香りなどを感知するセンサーが、その完成度はともかく一応は備わっています。それらセンサーが検知したシグナルは間違いなく脳に送られているはずです。彼らはうまれたばかりで、食べたものの種類も少なく、記憶の総量はわずかです。初めて食べるものもおおいでしょう。けれども、その「初めて」を繰り返すことで記憶は豊かになり、成人してからの判断につながるのです。幼児期の豊かな食体験が大事だというのは、このようなことをいっているのだと思います。

記憶には、味覚のシグナルばかりでなく、そのときの体調はどうであったかなどの条件、さらにはそれをいつどこでだれと食べたか、その時にどのようなことがあったかなどもろもろの状況――それらは物語と呼んでよいでしょう――などが含まれます。これら物語を含めた記憶に照らして、それがおいしい、おいしくないといった判断が下されるのです。よく、あの人はグルメだからおいしいものを知っているという評価が下されることがあります。しかし、このように考えてみると、グルメとは優れたセンサーを持つというよりは、豊かな経験と食にかかわる記憶を大切にする素質が関係しているものと思われます。

人間は病気やその治療の影響で味覚を一時的に失うことがあります。わたしの知人の一人、故薩川諭《さつかわさとし》さんも、のどにできた腫瘍の治療を受けた際、一時的に味覚を失ったそうです。味覚を失うとはどういう状態をいうのでしょうか。その薩川さんに聞いてみました。彼の場合、おそらくは神経が一時的に障害を受けたのでしょう。五味のすべてを感じることができなかったといいます。しかしそういわれても、経験がないことは想像することさえできません。

彼は三つくらいの例を挙げて説明してくれました。

「寿司を食ってみたんだけど、酸っぱさも感じないし、うまみも感じない。甘くも辛くもない。ワサビの味もしないんだもの。ただ、生くさいだけで食えたもんじゃなかった」

寿司が大好きな彼にはさぞかし苦痛なことだったと思います。

「マヨネーズも、酸味も塩味も感じない。脂っぽくて、これもひどいと思った」

「サイダーとビールの違いがわからない」

炭酸の刺激だけがわかったらしいのです。

彼は一時、完全に食欲をなくしたといいます。それはそうでしょう。ある日突然味がしなくなったわけですから、食欲もなくなろうというものです。味覚が、食欲を支える重要な働きをしていることがわかります。

それでは、五つの味覚それぞれについてみてゆくことにしましょう。

甘味、甘み、甘さ

甘味は、五つある味覚のひとつで、食物に含まれる糖類を検知するためのものです。糖類にはいろいろな種類のものがありますが、人体が吸収できるのは単糖類と呼ばれるブドウ糖（グルコース）、ガラクトース、果糖（フルクトース）などです（図30）。食品中の糖類には、これらが結合してできた二糖類と呼ばれる麦芽糖（マルトース、ブドウ糖＋ブドウ糖）、しょ糖（砂糖のこと。ブドウ糖＋果糖）、乳糖（ブドウ糖＋ガラクトース）、さらにはたくさんのブドウ糖がつながってできるでんぷんなどがあります。最近、「オリゴ糖」という語をよく耳にしますが、これは二個以上の単糖がつながってできた糖で、オリゴ糖という特定の糖があるわけではありません。しょ糖や乳糖も、その意味ではオリゴ糖に含まれるものです。そして、先にも書いたとおり、これらはすべて体内の酵素で単糖類に分解され、腸壁から吸収されるのです。

単糖類や二糖類などの比較的小さな糖が、甘味をもたらすと書くと、ご飯にも甘味があるではないかといわれることがあります。ご飯の主成分はでんぷんで、それ自体甘さを感じさせない物質なのですが、口の中でよく嚙むうちに唾液中の酵素により、でんぷんがマルトースに分解されます。その甘味がご飯を甘く感じさせるのです。

口にした食品の甘味の強さは「糖度」という数字に置き換えることができます。最近はスー

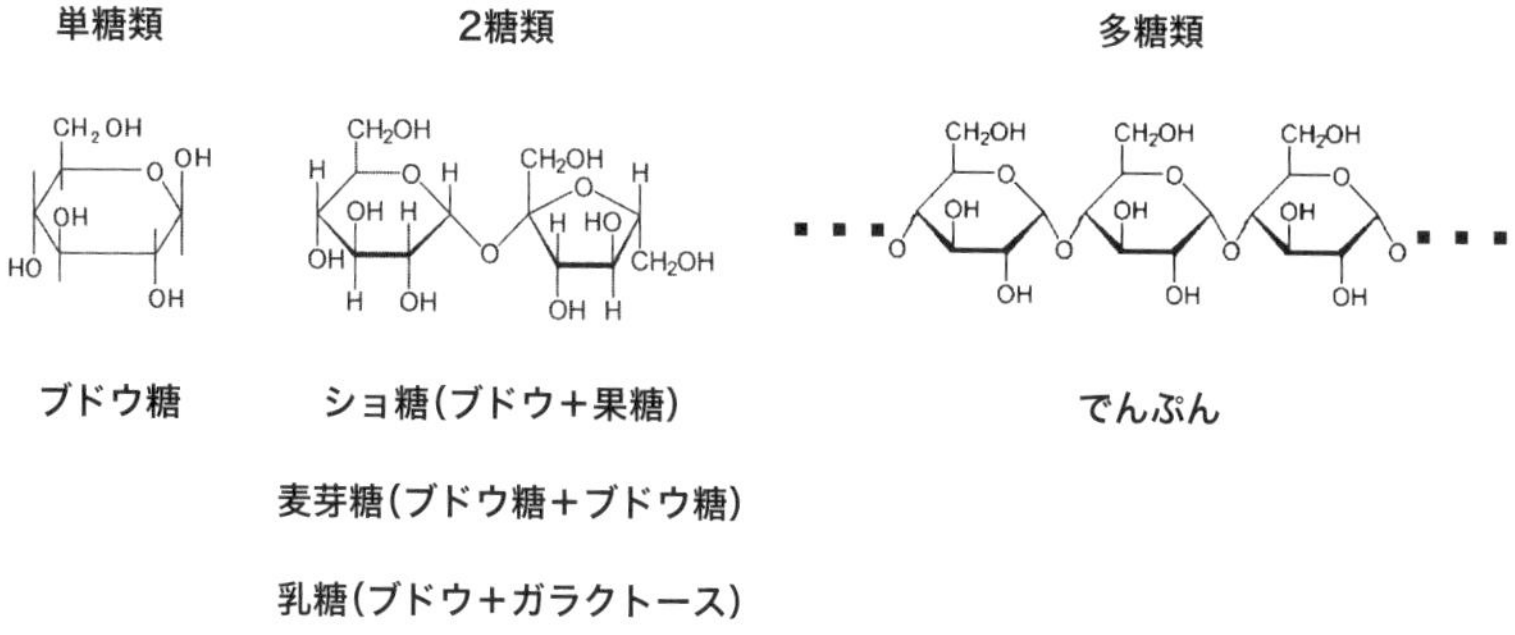

図30　糖類の図

パーなどで売られる果物や野菜にも、「糖度〇度」という表示をみることがあります。これを甘みと定義しましょう。甘さは糖の種類によっても違います。しょ糖の甘みを一〇〇としたときの甘みは、果糖では一七三（ただし温度が摂氏四〇未満のとき）、ブドウ糖では七四、麦芽糖と乳糖では三二程度です。

甘いという語はもっと広い意味をもちます。「甘い言葉」「甘い誘惑」「甘いマスク」などが示すように、満足、幸福感を与える意味が含まれます。あるいは、「脇が甘い」「甘い判断」のように、負の意味を持つ語でもあります。

甘みのように数字で表現することは甘みの強さを客観的にいい表わすのに大切なことです。しかし現代の学問はこのことに過大な評価を与えているようです。数字にできないものは学問ではないという風潮がとても強いのです。研究でわかったことを数字では表現しにくい哲学や倫理学、美学といった学問はまるで学問でないと考える、妙な風潮が強まっているのを感じます。しかし、ほんとうにそれでよいのでしょうか。数字では表しがたいものを「数字にならない」、といって切り捨てる考えは、実は言葉にする努力を放棄しているだけだと、わたしは思います。

甘みと甘さの関係についてもうすこし考えてみましょう。同じ清涼飲料水を飲んだはずなのに、感じる甘さが違っている経験をしたことのある人はおおいでしょう。運動後とじっとしているときとで感じる甘さが違うという経験をした人はおおいと思います。同じ商品を、同じ温度にして飲んだにもかかわらず、感じる甘さが違うのはいったいどうしてか。運動をした後には、そうでないときにくらべて血糖値が下がっていて甘みに敏感になっているからでしょう。

同じことは塩味についても酸味についてもいえることでしょう。そして、どの「味」についても強さがあります。その、強さは数字化が可能でしょう。酸味の強さならばペーハーで、塩味の強さならば塩分濃度で、という具合にです。ただし数字になった味の強さと、それを感じる人間の感じ方とは必ずしも並行ではないのです。哲学の用語に、「主体」と「客体」という語があります。甘みについていうと、客体は、ブドウ糖、果糖などの糖やでんぷんという物質です。学問分野でいえば、おもに化学や生物学など自然科学の守備範囲です。いまは数字万能のようにいわれる時代なので、数字化できればしめしめ、話もこれでおしまい、という雰囲気が社会にはあります。しかし話がこと主体に及ぶと話はそれほど簡単ではなくなります。「主体」とは「自分」の意味です。甘いと感じたか、その甘みはどれほどだったか、甘さの種類はどんなだったかなど、原点はあくまで自分、つまり「わたし」です。その「わたし」が温州みかんを食べているとしましょう。わたしはそれをどの程度甘いと感じるでしょうか。その日の体調にもよるでしょう。みかんを食べる前に甘いケーキを食べていたとしたらどうでしょう。甘みはあまり感じないかもしれません。

「わたし」を研究するのは、哲学などいわゆる人文学の仕事です。人文学の研究には、分野をまたいで使われる共通の研究方法がありません。また、あきらかになったことを常に客観的にいい表す方法があるわけでもありません。顕微鏡という道具が使えるわけでもなければ化学分析という方法があるわけでもないのです。「わたし」をどう研究するか、その方法は極端にいえば研究者しだいです。何年間と期限を切って方法をマスターし、三年なら三年で結果が出せるテーマを選んで研究する――こうした自然科学のやり方が通用しないのです。なにかといえば効率化が問われるいまの時代では、人文学のこのような性格はやはり不利です。人文学不要論が繰り返し登場するゆえんです。けれど、人文学を不要だといってしまえば、「わたし」の研究は誰がするのでしょうか。

しかし、率直にいって、人文学の側にも問題はあると思います。先生のもとに弟子入りし、何年もの間修業を積んでやっと一人前になれるというような学問の姿はやはりどこか息苦しさを感じさせます。研究室に引きこもって朝から晩まで古文書に向き合い、現実の社会の問題にはまったく無頓着。こうした研究者もまだおおくいますが、それはやはりまずいと思います。研究費はいまや税金で賄われており、研究活動も社会の支持がなければ続けてゆくことができないからです。このままでは、「甘み」やその強さの研究はすすんでも、甘さの研究はおいておかれるばかりです。

うま味、うまみ、うまさ

うま味、うまみ、うまさの関係はさらに複雑です。うま味は五番目の味覚として認識されていますが、これにかかわる物質はアミノ酸のひとつであるグルタミン酸や、核酸であるイノシン酸、グアニル酸などの混合物といわれています。うま味はいわばタンパク質を検知する味覚といってよいでしょう。うまみも甘み同様数字で表現することはできます。グルタミン酸などの濃度という測定可能な数値になるからです。

しかしうまさとうまみとは違う概念です。うまさは、甘さ同様数字では表現できない部分があるのではないかと思います。あるときわたしは、大学一年の学生たちに、「いままでに食べたご飯の中で一番うまいと感じたものはなんだったか」と聞いてみたことがあります。むろん中には、どこどこの店の何なにというメニュー、のような答えを返してくる学生もいましたが、次のような答えもあったのです。

「家の炊飯器が壊れた時、母が必死になって鍋で炊いたご飯がとてもうまかった」

「しばらく海外に出ていて米のご飯がなかなか食べられなかったが、帰国して初めて食べたご飯がとてもおいしかった」

これらの答えに出てくるご飯のうまさがどれほどのものだったのかを数字にするなどだれにもできないでしょう。どちらがよりうまかったのか、などという比較もできません。それなのにインターネット上のサイトには外食店の評価が点数化されて表示されるものもあります。あのサイトをみていると、点数の高い店がうまく、低い店はそうでないかにみえたりもします。店によっては点数の上がり下がりは来客数におおきな影響を及ぼすのだそうです。そういわれると、点数は確かに無視できないということになりましょう。

しかし、そうした評価は、その店のうまさをどれだけ反映するでしょうか。たしかに評判の良い店の点数は高い傾向がありそうですが、しかし中には自分の店の点数を上げようと情報を操作したなどの話を聞くこともあります。客の側からみても、自分の舌に自信がない人はどうしても点数に頼りたくなるのはわかりますが、点数をつける人たちはあらかじめ他の評価者の点数をみているわけですから、判断がどこまで客観的かは疑問です。それに、高い点数がついているからと期待していったのに、たまたま隣席にいた客のマナーがとても悪かったなどという経験をすると、店への評価がぐんと下がるというようなこともあるでしょう。

うまさはまた、一期一会なのだと思います。京都調理師専門学校の仲田雅博さんは、子どものころに食べた、ソースをたっぷりとつけた豚のうま煮の味が忘れらないないといいます。いわゆる「おふくろの味」です。しかし年齢を重ねたいま、同じ味付けのそれを食べても味が濃く感じられて、子どものころ感じたうまさは感じないともいっています。この場合のおふくろの味は、仲田先生の記憶の中にだけある味なのです。「あの時、あそこで食べた〇〇の味」という経験を持つ人はおおいと思います。そしておおくの人は、あの味をもう一度と思っても二度と味わうことができない経験をもっているはずです。料理の味、うまさは、仏教の言葉でいえば一期一会なのです。

これらの例からもわかるように「うまかったご飯」の記憶は、数値化されたうまみだけでつくられるものではないのです。どういう状況でそのときのご飯にありついたのか、だれと一緒に食べたのか、そうした社会的な条件や、あるいは個人の記憶――それは人格と呼んでよいものでしょう――が、うまさを決める重要な要素なのです。つまり、うまさの記憶を語る「物語」こそが大事なのではないか。わたしにはそのように思われます。そして、おおくの人が共感できる物語がうまさの表現なのだといってよいと思います。ここに、うまさの核心があるように思います。もし、うまみや甘みだけで満足が得られるなら、人間の食は将来、丸薬やカプセル入りの、それこそサプリのようなものに置き換えられてしまうかもしれません。腐る心配もなく、料理の手間も要らず栄養摂取の時間も省略できて結構なことだ――そのように考える人が出てくるかもしれません。でもおそらく、おおくの人はこうした「食」に満足することはないでしょう。

食と健康、食と寿命

形あるものは必ず滅ぶといわれます。命あるものはいつか必ず死んでしまいます。最近は、医療技術の発達で、これまで不治とされてきた病気が治るとか、完治しないまでも延命を図ることができるようになってきました。それはそれでよいことと思いますが、いっぽうで現代人の「健康観」が歪んできていると感じることもあります。老いを極端に恐れ、「永遠の若さ」や「健康」を追い求める風潮が確実に広まっています。「○○という食品が△△に効く」とか、「□□というサプリメント」が、例えば「痩身によい」などの情報もネットやテレビの中にあふれかえっています。なかには「○○しないと△△になるかも知れませんよ」など脅しともとれるものもあって、情報の受け手であるわたしたちには、それら誤った情報から自分の判断を護る自衛の手段が必要と感じます。そしてそれには、あきらかな誇大宣伝や根拠のないいい回しを信じ込んでしまわない判断力やその判断を支える基礎的な知識が必要です。美辞麗句に惑わされないことも必要ですが、やたらと数字を並べたてたり、ことさらに大学の研究者の名前を示したりしているものも要注意です。数字など、だれにだって作れるのです。データのねつ造が研究の世界にもあたりまえにみられることは、昨今の報道からもあきらかです。

食をよくすることで、健康を増進し寿命も伸ばそうと考える人はおおいと思います。現代は、おおくの人びとが食べ物に気を遣う時代だといってよいでしょう。健康のことを考えて、○○は控えるとか、反対に△△をたくさん食べるようこころ掛けている、という人は大勢いることでしょう。

そのこと自体はよいことに相違ありません。偏食や、特定の食品を過剰に摂る行為は確実に健康を害することでしょう。しかし、行き過ぎは禁物です。一例ですが、いまは減塩がやかましくいわれます。とりすぎが血圧を上昇させる因子だというわけです。厚生労働省は二〇一五年に基準をあらため、食塩の摂取量の上限を男は八グラム未満、女は七グラム未満としています。わたしは疫学の専門家ではないので内容に立ちいることはしませんが、ここまで塩分を制限すると、味噌、醬油などの発酵食品や、干物、塩辛、漬物など、食塩を多用する和食の食材にとっては厳しくなってきます。食塩の量が減ると防腐効果が弱まるので、漬物などでは防腐剤を使うことになります。さあ、そうすると、今度は防腐剤の健康への影響を考えねばなりません。食塩の過剰な摂取が健康に影響を及ぼすのが事実として、強度の減塩がその人の食生活や人生のＱＯＬ（クオリティ・オブ・ライフ）に及ぼす影響の全容は知りようもないのです。

食塩の摂取を限ることで他の面に影響が生じ、それによって新たな懸念が生じるということもまたあり得ることです。二〇一八年の夏は異様に暑い夏でした。熱中症の患者がいつになくおおく、マスコミも「室内ではためらわずエアコンを」「水分とともに適切な塩分を」というキャンペーンを展開しました。それもそのはずです。猛暑で大汗をかけばそれだけおおくの塩分が体内から失われます。夏でも大汗をかくことなどあまりない地域の人が定めた基準をモンスーンアジアにある日本のそのまま当てはめるなど、もともと意味のないことだと思われます。

第11章　栄養と健康

消化と吸収

食べるとは、生物学的に考えれば、チューブの入り口からなにか「もの」をいれることです（「はじめに」（13）ページ参照）。入った「もの」はそのままでは栄養にはなりません。咀嚼し、分解し、吸収する作業が必要です。この作業は、噛む行為や蠕動《ぜんどう》という自律的な運動による物理的な作用と、消化液などで消化する化学的な作用の繰り返しです。この過程を経て、口にいれたものはアミノ酸、ブドウ糖など、細胞が使えるものへと形を変え、腸壁などから吸収され血液を介して全身に送られてゆきます。また余った栄養素は肝臓や他の臓器などに蓄えられます。

どうしてそんな面倒なことをする必要があるのでしょうか。わたしが牛肉を食べたとします。その牛肉の、たとえば筋肉の細胞をそのまま吸収したとしたらどうでしょう。その細胞はわたしの身体の中で、ウシの細胞として働くことでしょう。しかしそれでは困ります。それにもしそんなことが起きれば、わたしの身体の免疫機能が働いて、その牛肉細胞を排除しようとすることでしょう。やはり食べたものはアミノ酸の単位にまで分解しなければ自分の身体の一部として使うことができないのです。

　チューブの構造や働きは生物進化にあわせてずいぶんおおきな変化を遂げてきました。もっとも単純なものでは、身体を構成する細胞はチューブに面しそこから直接栄養分を摂取するので、消化器や循環器などの臓器がありません。腔腸動物はその一例でしょう（図31）。進化の過程で身体の機能が細分化するのにあわせ、自らは消化、吸収のために働かない細胞が多数登場するようになりました。目の細胞、肺の細胞、腕の筋肉の細胞などがそれです。これらの細胞に栄養素や酸素を送るために血管という新たな臓器が必要になりました。血管ができ、血液がその中を流れると、次は心臓というポンプが必要になります。

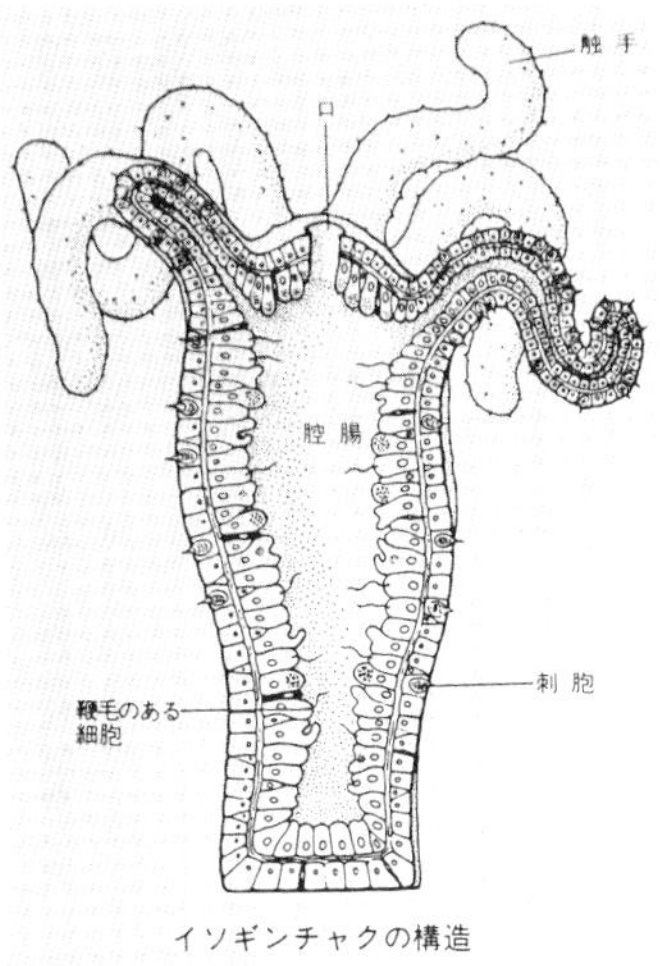

図31　腔腸動物の解剖図
（日高敏隆『動物という文化』講談社学術文庫、1988年）

　チューブ論の大切なところはもうひとつあります。それはチューブの末端についての考え方です。動物が生きるとは、必要なものを取り入れるばかりではありません。いらなくなったものや、身体にとって有害のものは速やかに体外に出す必要があります。ヒトのような高等動物では、これらの不要物はチューブの終端から体外に出すようになっています。動物の中には口は入り口と出口が共用のものがありますが、高等動物の場合は二つの口ははっきり区別されているのです。

入り口と出口が一緒なんて、なんと汚い、と思うかもしれませんが、案外そうでもないのです。ヒトも、呼吸の場では、口から酸素を吸って、その同じ口から二酸化炭素という不要物を排出しています。何が汚いかは多分に感じ方による、つまり文化が関係しているといえるでしょう。

食べわけ

人間の身体は、栄養がとれているかどうかをどのような方法で「判断」するのでしょうか。いまの時代は栄養学という学問がある時代ですし、その成果はいろいろな形で社会に普及しています。血液や尿を生化学的に調べ、「何が足りない」「何が過剰だ」――などの判断を下すこともできます。糖尿病などの持病のある人の中には栄養士の指導の下、毎日摂取した栄養分をかなり正確に継続的に調べている人たちもいます。しかし、このような人はそれほどおおくはありません。

それに栄養学が確立する前には、どの栄養素が足りない、過剰だということを判断することはできなかったことでしょう。

それでは、栄養学以前の時代には栄養の過不足はまったくわからなかったのでしょうか。そのようなことはありません。ヒト以外の動物では、例えば塩分や鉄分を検知するセンサーがあるようです。2章に書いたように、関西地方を走るある鉄道会社は、レールを舐めに線路に侵入する野生動物に頭を悩ませています。体内の鉄分の不足を感じ取るからなのでしょう。ヒトの身体にも、栄養の過不足を検出し、食べわけにつなげる機構が存在します。まず、糖分です。血液中の糖分の量（血糖値）は、食後すぐに上がり、視床下部にある検知装置で検知されます。血糖値が上がると満腹感を感じる、というわけです。反対に血糖値が下がってくると空腹感を感じるようになっています。胃袋がいっぱいになったとか空っぽになったという物理的なことではないのです。

さて、食べわけです。何を食べるか、は先に書いた知識に基づく選択以外にも、もっと生理的な食べわけもあります。「身体が欲する」という現象です。このことはおおくの人が経験していると思います。食べわけは実験的にも証明されています。例えばマウスは普段は脂質を好みますが、一日絶食させると体内のグリコーゲンが不足して糖質を好んで摂食するようになるといいます。マウスがそうだからヒトも、というのではいかにも短絡的ですが、ヒトにも類似の仕かけが備わっていると考えるのは自然です。

しかしいっぽう、このような仕かけに頼って食べるものを決めるのは危険だと考える人もいます。ヒトは半ば本能的に甘いものや脂質に富むものを食べたがる、だから食べたいという気持ちに任せて食べているると食べすぎになるというわけです。足りるだけ摂取していてもなお食べたくなるのが人間だ、と。一種の性悪説でしょうか。たしかに「甘いものは別腹」ということもあります。

ただし現在の数値主義には行き過ぎを感じます。糖分は一日何グラムにすべき、カロリーは何カロリーに抑えるべき、塩分は何グラムまで……。「もう結構だ」。そういいたくもなるほど数字があふれかえっています。数字の中には下限値を示すものもおおいです。「○○は△グラム以上摂取すべき」といった具合です。ちょっと神経質な人は息苦しさを感じていると思います。病気で食事制限のある場合は別として、もうすこしだけ、自分の食欲に素直になってもよいのではないかと思います。医学の知識も、日進月歩です。これまで、動物性たんぱく質として魚が肉よりもよいなどと宣伝されてきました。ところが最近では、特に高齢者に対して、肉食が勧められるようになりつつあります。むろんいくら食べてもよいわけではないでしょうが、医学の知識やそれによる判断は刻一刻変化してゆきます。その時々の推奨はそれとして、いっぽうでは「自分の身体に聴く」姿勢も必要なのではないでしょうか。

飢餓と栄養過多

食べる量が十分でないと、あるいは栄養が偏ると、身体にはさまざまな不具合が生じます。それが飢餓です。飢餓に苦しむ人の数は、世界全体では八億人を超えるといわれています。それだけ食料が足りないということなのかと思われがちですが、そうではありません。二〇一四年の時点で、世界三大穀類であるトウモロコシ、米、小麦の総生産量は約二四億トンといわれています。世界総人口の七二億人で割ると、一人当たりの穀類の量は〇・三三トンほど。一日当たりのカロリーに換算すると三〇〇〇キロカロリーを越えています。一人当たりの必要カロリーはさまざまな値が示されていますが、それでも、成人男子で二四〇〇〜二六〇〇キロカロリー程度です。つまり平均値でみるかぎり、食料は十分に生産されているということです。それではなぜ飢餓人口が生じるのでしょうか。それも世界総人口の一割以上もの。

理由はいくつかあります。一つは、トウモロコシの使われ方にあります（図32）。トウモロコシはほんらい人間の食料として数千年ものあいだ、世界各地で栽培されてきました。ところが現在ではその四分の三ほどが家畜の餌

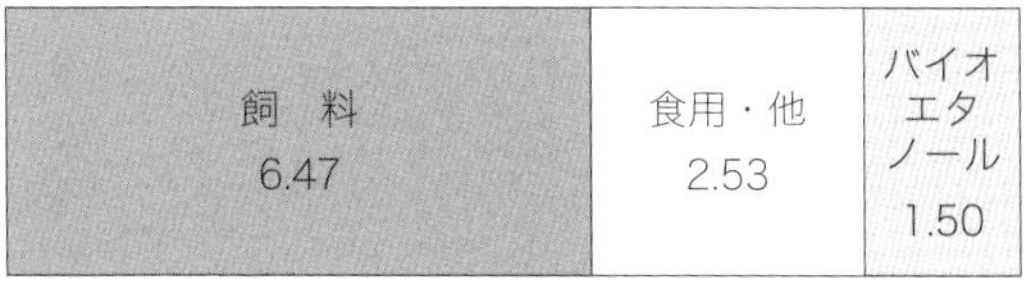

図32　トウモロコシの用途別需要割合（2016年、単位億トン）

や工業用に使われています。トウモロコシで家畜を育てるのは先進国のやり方です。「環境にやさしい」はずのバイオエタノールも、おおくがトウモロコシから作られています。第二に、配分のしかたが公平でないのです。食料がグローバルに流通するということは、アフリカの貧しい地域で生産されたトウモロコシが、相対的に高い値段で先進国に買い取られてゆくということでもあります。食料は決して、公平に分配などされていないのです。つまり、穀類は、トウモロコシを中心として、強い経済力を持つところで消費されているということになります。

ここで、世界各国の人びとの一日当たり摂取カロリーをみてみます。摂取カロリーの計算方法はいろいろあるので、同じ日本の摂取カロリーの値もデータによってまちまちですが、ある一つのデータの中で比較する分にはそれなりに信頼のおける数字が得られるでしょう。ともかく、これによると、一人当たり摂取量のおおいのはオーストリア（三七八五キロカロリー）、ベルギー（三七七一キロカロリー）、米国（三六五〇キロカロリー）、トルコ（三六四九キロカロリー）の順となっています。ちなみに日本は二六九五キロカロリーでした。つまり欧米の国ぐにの中には日本より一〇〇〇キロカロリーもおおく消費する国ぐにがあるのです。

世界のすべての人びとが三六〇〇キロカロリーを消費すれば食料事情はあきらかにひっ迫します。単純な計算ですが、三六〇〇キロカロリーは米ならば一キログラムに相当します。七二億人の世界人口がみなこれだけの米を食べたとすると必要量はざっと二六億トンにもなります。穀類全体の総生産量二四億トンを超える値です。

先進国の食にはもう一つおおきな問題があります。過食などによる肥満です。各国とも国民の肥満対策には熱心です。ただそれら肥満対策は、個人が置かれた環境や遺伝的な性質の違いを考えにいれることなく一律ですし、そもそもだれのために、何を基準にいっているのかがわからないのです。推奨される、ある式をもって計算されるBMI値が二五を超えると肥満と呼ぶようですが、ではなぜ境界値が二五なのか十分な説明がありません。また、一口に過食といいますが、十分な教育を受けていない地域で、子どもたちがファストフードや過度に甘い飲料を大量に摂取することでおきる肥満もおおきな問題です。また、肥満を恐れるあまり過度の少食になったりカロリーばかりを気にした食生活を送るのも、これまた困りものです。

ただし、わたしは政治が食の問題にあまり深く関与すべきではないと考えます。学校給食の制度を作る、食品廃棄物を減らすための体制を整えるなどは政治ほんらいの仕事でしょうが、ほんらい個人の選択に任せるべきことがらにまで踏み込んで「○○すべき」「肥満は自己管理の欠如」などと軽々に発言し始めると、次にはきっと「肥満は健康保険制度を圧迫する」などの意見が飛び出し、多様な存在が否定され、ますます生きにくい世の中になってゆくのではと危惧します。自らと異なるものは強い言葉や暴力で排除するという第二次大戦前のナチスの再来につながらないことを切に祈ります。

次の問題は食材の廃棄です。日本では年間数百万トンもの食品が食べられることなく捨てられているといいます。魚の骨や頭の部分、あるいは野菜の皮の部分など、ある程度はしかたのない廃棄もあると思います。しかし、消費期限切れの食品を、消費期限がすぎているからというだけの理由で捨ててしまって、果たしてよいのでしょうか。消費期限切れのものを食べよといっているのではありません。作りすぎない、売れ残りを出さない——そういう作り方はないかと思うのです。京都市の上賀茂神社脇にある「陣馬堂《じんばどう》」というお餅屋さんはずいぶん前からやきもちを作って売っていますが、早い日には午前中のうちに全部売り切れてしまうのだそうです。すると、ご主人はさっさと店を閉めてしまいます。「売り切れごめん」です。そのことを知らなかったわたしは、午後にばかり立ち寄っていたのですが、いついっても閉店しているので、店はつぶれてしまったとばかり思っていたのですが、それはわたしの認識不足だったのです。

たしかにもっとたくさん作って売れば儲けは増えるかもしれません。しかし、もし売れ残ればその分が無駄になってしまいます。原料も無駄になります。はっきりいえることは、「売り切れごめん」が根づけば、消費期限の偽造はなくなるということです。

いずれにせよ、数百万トンもの廃棄を出すということは、飢餓にあえぐ人に対してとても不条理な思いをさせているということでもあります。

毒と中毒

毒とは、狭い意味ではある一定量以上を摂取することで、身体機能が損なわれるか、あるいは停止させるものをいいます。より広義には、「過度の心配はからだに毒」のように、健康上よくないものやことがらをひっくるめて毒と呼ぶこともあります。中毒とは、その毒により健康被害を被ることを意味します。毒の中には、摂取すれば急激にその反応が表れる種類のものと（急性中毒）と、それほど強い毒性はもたないが、長年多量に摂取を続けることで回復が困難な悪影響を身体に及ぼすもの（慢性中毒）があります。たばこのニコチンや酒のアルコールなどもそうですが、重金属などに汚染された土壌で育った作物を食べ続けたときにもそのような例がみられることがあります。いろいろなものを取り混ぜて食べることが推奨される背景には、こうした慢性中毒の回避という意味合いが込められているのです。

困ったことに、このような毒性を持つものが食品の中にはしばしば含まれています。先に述べたように味覚や嗅覚には毒を察知するための仕かけが働くといわれています（3章38ページ）。防御機能の役割をはたす最後のセンサーは味覚です。赤ん坊が、すっぱいものなどを口にしたとき、舌を使ってそれらをべろっと吐き出してしまうのをご存知でしょう。そのすっぱさが初体験で、その子の脳はそれを受け入れられないものと判断したのでしょう。しかし長ずるにつれて人間はすっぱいものや苦いものを好んで食べるようになります。脳には味細胞を通じて入ってきた過去の情報が蓄積されています。そこに、「ある種の苦味は身体によい」「ゴーヤは苦い」とか、「お酢をたくさん摂ると血液がさらさらになる」などの知識として得た情報が加味され、それらをうまいと感じているわけです。だから、人の味覚、味わいは人によってみな違っているのです。

身体は、毒を含むものが口から侵入しそうになると反射的に吐き出してしまう仕かけを持っていますが、それでも、幾重にも張りめぐらされた関門を通過してしまう毒もあります。嘔吐は、一種の非常手段で、普段は入り口である口腔から出口へという動きに逆らって体外にものを出す強制排除の手段です。腸管で病原菌が発生して毒素を出した時には、チューブはそれを強制的に排除しようとします。下痢はそうした反応です。だから下痢した場合、その原因を確かめるまではむやみにとめてしまわないほうがよいのです。

ところでどの物質が毒でどの物質が毒でないかを明示的に示すことはできません。「毒以外の何ものでもない物質」は意外と少ないのです。先にも書きましたが、おおくのものは「毒にも薬にも」なるのです。生存に必須の食塩も、致死量が定められています。報告により幅はありますが、だいたい体重一キログラムあたり〇・五～五グラムの範囲にあるようです。体重が六〇キロの人の場合だと、三〇～三〇〇グラムといったところでしょうか。なお致死量とは、半数の個体が死に至る量で示されます。

人類の長年の経験知は、さまざまな植物などに、ある種の毒物の毒性を弱める解毒作用があることをあきらかにしてきました。むろんいまの抗生物質のように病原菌を強い力で殺菌する力はなかったかもしれません。しかし現代社会は、抗生物質が効かなくなる耐性菌の存在に苦しんでいます。抗生物質とて決して万能ではないのです。人類はどの時代にあっても、その時代における最先端の科学の成果を享受してきたのですが、その最先端の成果も後の時代からみれば不十分で未完成なものであったのです。

免疫・アレルギー・不耐性

人体という組織は、微生物の繁殖には格好の条件を備えています。まず人体内は一定の温度が保たれ、加えて適度の水分、豊富な栄養分があります。微生物のうちあるものは霊長類とともに進化してきたのですから、彼らにとって人体が都合のよい環境なのは当然といえば当然です。困ったことにこうした微生物の中には人体に有毒な物質（毒）を出す、または細胞を破壊したりするものがいて、これらを病原体と呼んでいます。病原体という名前からはいかにも悪ものというイメージが強いですが、病原体とそうでない微生物の違いは、主には、人体あるいは家畜や作物にとって有害かそうでないかという、人間の側の価値判断によります。また、病原体といっても、条件によっては有毒性を示さないこともあります。海外旅行の際などに生水を飲んで下痢したという話をよく耳にします。そのとき、同じものを飲み食いしていたはずなのに自分は大丈夫だったのに彼（彼女）は下痢をした、など、個人差についての話を聞くことがよくあります。そのときの体調や、後に書く免疫システムの違いで、この人は発病したのにほかの人は大丈夫、といった個人差が表れるのです。だから、旅行中生水を出されたとき、「自分が大丈夫だったから、きみも大丈夫だ」などという勧め方は感心しません。

病原体にもいろいろなものがあります。そしてそのおおきさや繁殖の方法により、ウイルスと、狭義の細菌やリケッチャなどとにわけられます。また、普通微生物には含まれない寄生虫などもしばしば病原体として扱われます。以前問題になったクロイツフェルトヤコブ病の原因物質とされる「異常プリオン」と呼ばれるたんぱく質も、病原体と認識されています。

病原体を排除するために、身体はさまざまな機能を持っています。免疫もまた、そうした防御機能の一つです。病原菌やある種の毒物が体内に入ってきたとき、それを排除する働きをいいます。その全体はとても複雑で詳しく説明する紙幅もありませんが、この機能に狂いが生じることがあります。微生物といえども生命体です。生きてゆくために食べてゆかねばなりません。それは病原体でも同じです。病原体にとって、人体は食べ物であり生活の場なのです。人体としては、食べられないためにさまざまな手段を講じているというわけです。

免疫のシステムは、ときに守るべき自分の身体を構成する一部の細胞を排除しようとします。そのひとつがアレルギーです。アレルギーの中には、特定の食品に対する反応としてあらわれるものがあります。蕎麦、小麦、たまごなどさまざまな食品がその原因食品として挙げられています。中でもソバなどはすこしでも口中にいれると、場合によっては死に至るほどの重篤な症状を示すことがあります。

ともあれ、生命体とは、自分や自分が含まれる種（あるいは集団）を自己として認識し、攻撃を加える非自己から自己を守るためにさまざまな機能を持つ存在です。自己は、心理学や哲学の分野の言葉でしたが、いまでは生物学とくに免疫学や生態学、さらには進化学の分野などでも使われるようになってきました。生命体は、いっぽうで、他者つまり非自己を取り入れ（摂取）、不要になったものを非自己として体外に排出します。排出されたものは自己の一部であったものにもかかわらず、人間の社会などでは忌み嫌われます。非自己という認識が関係しているものと思われます。

食物の摂取に戻って考えると、消化とは非自己を自己にする複雑な過程であることが改めてわかります。いってしまえばその過程は、自己、非自己の区別がないアミノ酸、分子量の小さな糖などの小さな物質に分解する過程でした。この過程のどこかで、免疫機能が働いて分解途上にある食物を異物として認識してしまうのが食物アレルギーの原因と理解されます。なぜ食物アレルギーがおきるのか、その理由はよくわかっていないようですが、ギリシアの時代からそれを思わせる記述があることを考えると、必ずしも現代になって生じるようになった現象とはいえないと専門家も指摘しています。

ところで、牛乳をはじめとするミルクを原因食材とする食物アレルギーも存在しますが、ミルクにかかわるトラブルとして「乳糖不耐性」という現象もよく知られます。これは、小腸に乳糖を分解するがラクターゼという酵素がないか少ないために生じる現象で、免疫が関与する食物アレルギーとはまったく別の現象です。乳糖（ラクトース）は小腸にあるラクターゼによってブドウ糖とガラクトースという糖に分解され、それぞれが栄養となりますが、この分解がすすまないと乳糖は栄養にならないばかりか腸にそのまま残ってさまざまな症状を発するのです。

不耐性はミルク以外にもさまざまな食物に現れると考えられます。アルコールもその一つです。不耐性を示す食材は、まだ知られていないだけでまだ他にもあるかもしれません。好き嫌いがはっきり分かれる食材は、単に好き嫌いと片付けてしまうのではなく、ちゃんと調べてみたほうがいいかもしれません。

4 しまいかたを考える

『南島雑話』豚便所の図（奄美市立奄美博物館蔵）

第12章　排泄物のゆくえ

排泄と生命の交換

本書は食べるということを考える一冊です。どうして排泄《はいせつ》のことをいうのか、とお考えの人もいるでしょう。でも、食べることと排泄することとは表裏一体の関係にあります。このことを二つの面から考えてみます。

まず一つ目は、食べるという行為が排泄という行為と切っても切れない関係にあるからです。わたしたちは日々食べて暮らしていますが、成人の場合、よほど無茶食いするとか、反対に絶食のようなことをしなければ体重はほぼ一定しています。前章で書いたとおり、糖質は体内で燃やされ、エネルギーを作り出します。たんぱく質は、筋肉や血液、骨などをつくりますが、その際、古い組織や細胞と入れ替えるのです。そして生じた老廃物を体外に出しますが、そのひとつが排

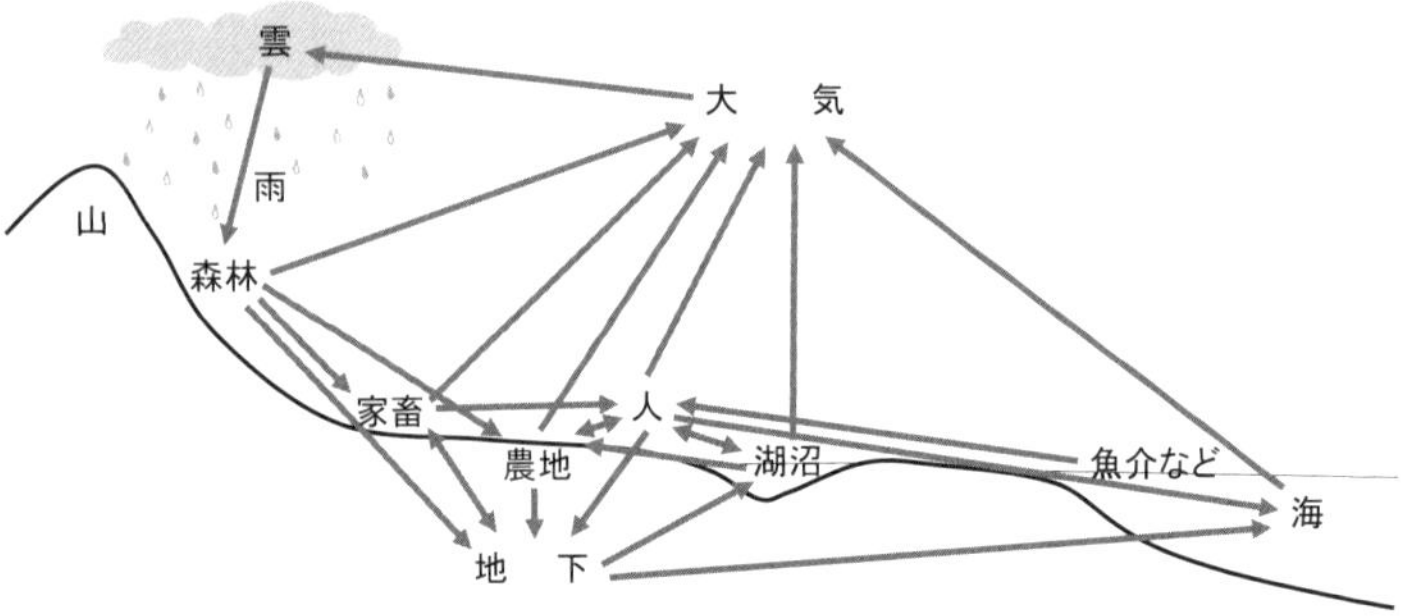

図33　水の循環

泄です。成人ではこの「入り」と「出」のバランスがとれていれば、体重がおおきく変化することはありません。この性質を恒常性と呼び、生命の重要な特徴のひとつになっているのです。

また、わたしたちは発酵食品を食べますが、発酵食品とは発酵にかかわる微生物のからだそのものであり、またその生命活動の結果うまれたものです。人間は、ある意味微生物という他の生物の排泄物を食べて生きているのです。他者の排泄物を食べることは、生命としてかなり普遍的なことといえます。

もう一つ書いておきたいことがあります。それが「物質循環」という考え方です（図33）。わたしたちの身体を作るさまざまな物質は、分子のレベルまで砕いて考えると、水圏、他の生物の体内、大気圏などを行ったり来たりしています。たとえば水のある分子は体外から取り込まれたあと血液に入り、体内を循環した後、尿便や汗として排泄されます。体外に出たその水分子は、下水を介して川から海に流れ込むか、あるいはどこかで蒸発して大気中に入ってゆきます。そしていずれは雨となって地上に降り注ぎ、何らかの形で、再びだれかの体内に取り込まれることでしょう。

このように考えてゆくと、食の問題と排泄の問題は切り離しがたく結びついていることがわかるでしょう。本書で排泄のことを書いた理由のひとつはここにあります。

きたない！

ここ数年、各地の小学校で子どもたちに講義する機会があります。延べ一〇以上の小学校で、四年から六年生くらいの子どもたちに話をしてきました。求められるテーマは、いのち、あるいはいのちの大切さ。しかし、いのちの大切さを子どもたちに伝えるのはとても難しいことです。最初は「食物連鎖」をかみ砕いて話していたのですが、それだけではもう一つ子どもたちのこころをとらえきれないのです。担任の先生、企画を担当した先生たちのひとことが、子どものこころを開かせなかったのかもしれません。

「きょうは、大学からエライ先生が来てお話をしてくれます。ちゃんと聞かないとダメよ！」子どもたちは、今日の話は難しい話なのだと思ってしまいます。おとなしく座って聞いてはくれます。

「エライ先生が、わざわざ遠くから来てくれたのだから、お行儀よく聞かなきゃ」

高学年の子らには、そうした分別があります。そうだとわかっていても、子どもたちがいわば義理で聞いているのだとわかっても、悲しいかなわたしには子どものこころをちゃんとつかむ技はありません。

やはり、面白いテーマが必要だ。そう思って、三年ほど前からテーマを「うんこ」に絞ってみたのでした。果せるかな、これは大あたりでした。ホワイトボードに「うんこ」と書くと、教室がちょっとはにかみを含んだ笑いの渦に包まれます。爆笑とは異なる、含羞《がんしゅう》の笑いです。

子どもたちとの距離が縮まったところで聞いてみます。うんこというと何を連想するか、と。

「きたない」

「くさい」

「ばいきん」

ここでは爆笑です。

「触れる？」

と聞くと、

「いやだあ」

「きたないよ」

「くさいよ」

「気持ち、悪い」

嫌われたものです。でも、どの子も二歳ころまでは自分の排泄物に関心をもち、それに触りたがったりしていたはずです。排泄物が汚いという観念は、したがって、社会的に構成されたものなのです。

しかし、子どもたちは、家畜の糞が肥料として使われることを知るところから、次第に、排泄物のもう一つの顔に気づくようになってゆきます。動物の糞が使えるのならば、人間の排泄物も使えるはずだ、と。汚いという感覚だけの判断から、すこし距離をおいてそれをみることができるようになってゆきます。それでもうんこが忌み嫌われる存在であることに変わりない。いくら有用であろうとも、汚いものは汚いのです。そのことは古典文学や記録の中からも読み解くことができます。

嫌がらせに使われた「うんこ」

排泄物や死体が忌み嫌われるのはいまに始まったことではありません。むかしの人びとも同じでした。

芥川龍之介の短編小説『好色』に、その一端をみることができます。ある屋敷に仕える「侍従の君」と呼ばれた美しい女性に恋した一人の男がいました。男は、いっこうに埒のあかない侍従の君への思いを断ち切ろうと、あるとき、その排泄物を強奪しようとするのです。当時、身分の高い女性は「おまる」で用を足し、付き人の女性がそれを処理していました。男は、そのおまるを強奪することを思いついたのでした。いくら恋い焦がれた女性であろうとも、その排泄物を目の当たりにすれば、強い思いも消え失せるだろうというわけです。ずいぶんとねじ曲がった発想です。ところが侍従の君は男より一枚上でした。彼女は男の目論見を察知すると、いかにも自分の排泄物であるかのようにみせかけた模造品をあらかじめ「おまる」の中に準備し、それを男に奪わせたのでした。甘葛で煮たその模造品はとてもよい香りがしたのだそうです。侍従の君は、自分にしつこくいい寄る男を何とか懲らしめてやろうと、手の込んだ嫌がらせをしたのです。

よく知られるように、芥川の小説には下敷きになった古典文学の作品があります。『好色』の下敷きは『宇治拾遺物語』ですが、原著者の真意が糞便趣味にあるわけではもちろんありません。私もここで、スカトロジーを展開しようというのではさらさらありません。ただ、人がいかにその排泄物を汚いものとして遠ざけようとしてきたか、そしてその観念が確固たる社会的通念になってきたということをいいたいのです。ほかにもその例があります。排泄物は人を困らせるのに、しばしば使われてきました。『源氏物語』の「桐壺」の巻にも、女御、更衣など「あまたの御方々」が、足しげく天皇のもとにかよう桐壺や送迎の女性たちを困らせようと、通り道に排泄物などを撒いて着物の裾を汚す嫌がらせをする場面がでてきます。すごい執念ですね。

排泄物を嫌がらせに使ったというのはどうも相当一般的なことであったようで、次のような話もあります。かつて楠木正成《くすのきまさしげ》が赤坂城（大阪府千早赤阪村）という山城に籠城したとき、城内に自分たちの排泄物を貯めておき、それを、石垣を攻め上ってくる敵の頭上からまき散らしたというのです。さしずめ糞便兵器といったところでしょうか。ただしこの話の出自はわかりません。同時代の戦記である『太平記』にも、このくだりは見当たらないのです。だからどこかで語り継がれた物語がいまに残ったものなのでしょうが、類似の話が現実にはいっぱいあったのでしょう。

国文学資料館の今西祐一郎・元館長は、話のもとになっているのは当時の社会に流行した狂歌の類ではないかと想像します。楠木正成の軍が取った戦術が、のちの時代の五七五の川柳狂歌の形でいくつも残されているのだそうです。のちの時代の文学といえば、川柳にも正成の武功が詠まれていると、京都府立大学の藤原英城さんに教えてもらいました。

　正成は鼻をふ屎さいでざい（采）をふり

（「ざい」とは采配のことだと思われます。）

屎のにへ（煮）たも知らないで押寄る

軍用につかふ千早の惣雪隠

（雪隠《せっちん》はトイレのこと。）

どれも、一八世紀中盤から一九世紀前半、正成の生きた時代よりはるか後の時代に詠まれたものだとのことです。

攻め込む側からすれば小さな山城のひとつふたつを攻め落とすくらい造作ないことと考えて急坂を登っていたところ、頭の上からうんこを浴びせられたのだから、さぞやびっくりしたことでしょう。自分や自分の家族のものでさえはばかられるのに、他人の排泄物を頭から浴びせられるのですから、戦意をおおきくそがれたのはいうまでもありません。この話が事実はどうかはわかりませんが、こうした物語が登場するということは、その背景に排泄物に対する当時の人びとの想いがこめられているというべきでしょう。排泄物は、古代から、ひどく忌み嫌われてきたのです。

循環するうんこ

ところで、人間以外の動物たちは、他者のうんこに抵抗感を示しません。わたしがミャンマーで経験した「事件」（「豚に襲われる！」、本章208ページ）でも、そのことはわかります。ブタが人間の排泄物を食うことは、中国や、日本でも沖縄に「ブタトイレ」なるものがあったことからもわかります（図34）。トイレの下でブタを飼っておき、人間の排泄物で養うという仕かけです。現代日本に住む私たちにとってはそれはひょっとするとブタに対する「虐待」ともとらえられそうな行為ですが、ブタは人間のうんこを相当に好んで食べるようなのです。

図34　『南島雑話』豚便所の図（部分）（奄美市立奄美博物館蔵）

そしてそのブタは、当然にして人間の食用になるわけですから、ブタと人とは、人間のうんこを介してつながっていることになります。ずいぶんとちいさな循環です。うんこが肥料に使われ、それで作物を育て、その作物を人間が食べるという循環はごくありきたりですし、またおおきな循環も、小さな循環も作りますが、ブタと人の循環はとても小さな循環でもあるのです。

人間も、動物の糞には「うんこ」ほどの抵抗感がないようです。私の祖母は紀州の田舎で鶏を多数飼っていましたが、その鶏小屋から出る多量の糞を外で乾かしては袋に詰め、それを「鶏糞」として売っていました。乾燥させた鶏糞はにおいもあまりせず、また軽くなるので、簡単に運ぶことができます。子どものころの私には鶏の糞がどうして金になるのか理解できませんでしたが、祖母は春にスイカの苗を植えつけるときには、その鶏糞をたっぷりと惜しげもなく畑に撒いていました。

家畜の糞は燃料にもなります。二〇一〇年夏にモンゴルを旅したとき、彼らのゲルの中にたくさんの家畜の糞がおかれているのをみました。糞は、それ専用のおおきな箱に無造作に入っていました。からからに乾燥し、においもほとんどしません。「これは何だろう?」といぶかしげにみるわたしに、案内をしていた文化人類学者の小長谷有紀さんが、それが羊などの糞であると教えてくれたのです。こともあろうにどうして糞を、と思いましたが、燃料に使うのだと聞いて納得しました。草食動物の糞のこと、繊維質で燃やせばよく燃えるであろうことは想像に難くありません。植物を栽培するという観念に希薄なモンゴルの人びとにとって、肥料はそれほど重要な資源ではありません。森林に乏しいモンゴルでは、煮炊きのエネルギーとして、あるいは暖を取るためのエネルギーとして、木材に代わって糞が重宝されるのです。

家畜の糞が使われるのはインドも同じです。インドでは家畜とくにウシの糞を泥と混ぜ壁土にします。どうしてかはよくわからないのですが、一つは神聖な動物の糞だからということと、もうひとつは繊維質の糞が壁の強度を増すからではないかとも思われます。日本でも、刻んだ稲わらを土壁に混ぜ込みますが、それと原理は同じなのかもしれません。

ともかく、排泄物は利用されてきたのです。この観点でいうと、地球規模での食材の移動にはおおきな課題があることがわかります。いま日本では大量の食材を輸入しています。消費者は日本列島に住んでいてそこで排泄しますから、食材を構成している物質のうち、窒素、酸素、炭素の一部は大気に入り地球をめぐりますが、リンなど一部はその土地、つまりこの場合は日本の国土に残ります。長い時間同じような流通が続くと、遠い将来に地上の資源が偏在するかもしれません。

資源だったうんこ

調べてみると、うんこは、かつては汚物であると同時に資源でもあったことがあらためてわかりました。高度経済成長期以前の地方に暮らした人ならばご存知かもしれませんが、トイレに貯められた排泄物は田や畑に運ばれ肥料として使われていました。それは田畑の一角におかれた

「ツボ」に貯められ、発酵させてから肥料として使われたのです。人の排泄物がいつから使われるようになったか、詳しいことはわかっていないようですが、江戸時代には、排泄物が肥料になることはすでにちゃんと認識されていました（滝川勉「東アジア農業における地方再生産を考える――糞尿利用の歴史的考察――」アジア経済45、二〇〇四年、五九―七六頁）。江戸時代の大阪には、市域の糞便を買い取って農村で売りさばく職種があったといいます。そして、その価格をめぐって、彼らと農民組織の間で紛争もおきたといわれていますから、糞便が商品として流通していたことは確かです。大都会江戸でも、近郊農家は、収穫した野菜を江戸で売ると、帰りに長屋の共同トイレの排泄物を買って帰ったといいます。また大坂同様、糞便を船で上流の農村地帯に運ぶ専用の船があったようです。

江戸名物の長屋には共同トイレがありました。そしてトイレは大家のものでした。だから排泄物とその販売権は大家にあったのです。排泄物は大家にはよい収入源だったようです。ここでも、排泄物は経済的にも資源だったことになります。「金肥《きんぴ》」という言葉がありますが、それはその色がゴールドを連想させるというだけのことでなく、文字どおり、資源として価値をもっていたことを意味しているのだと思います。

ヒトも家畜も作物も、すべては生態系の中で食物連鎖を構成する生物です。そこにはだれひとり単独で生きる者はいません。ヒトや家畜は作物や牧草を食べ、その排泄物はそこで栽培され消費される作物や牧草の肥料になったのです。物質循環という観点からみても、うんこは小さな循環をなす構成要素でした。炭素も窒素も、一つの村落の中で、いや、場合によっては家庭の中で循環していたのです。

ところが、こうした小さな循環は、例えば日本では地方に行っても崩壊してしまっています。いまや日本ではおおくの地域で、家庭のトイレは水洗化し、下水道が完備し人間の排泄物は「下水」として処理場に運ばれ、「処理」されたうえ、海に流されます。しかも、食べるものの六割ほどが国外の産品になっているのです。窒素も炭素も、海の向こうから運ばれてきてヒトの体内に取り込まれ、やがては体外に排出されて海に放たれます。循環は、地球規模のおおきさにまで「成長」したのです。小さな循環なら、モノが循環しているのはよくみえます。しかし循環がグローバルになったいま、ものの動きは線状にみえます。直線には両端がありませんし、両端がつながっていることもありません。モノの流れには上流と下流ができたのでした。

それでも地球規模のスケールでみれば循環は循環だといわれるかもしれません。確かに地球のシステムは、閉じた系をなしています。しかしここまで循環の環がおおきくなり、また環を一巡するに要する時間も長くなると、生活する人びとには循環を実感することなどもはやできなっています。うんこは、家庭の水洗トイレを出ると、我が家にはもはや戻ってくることはないのです。ここでは、食卓が最上流にあり、最下流にあるのは海です。「上流」「下流」の意識は、浄なるもの、不浄なるものの感覚を固定化してしまいます。こうしてうんこは、観念の上からもますますきたないものへとされてゆくのです。

豚に襲われる！

循環の環には、おおきな環もあれば小さな環もあります。おおきな環のなかには地球全体をめぐるようなおおきな環もあります。いっぽうちいさな環には、ものは、一つの地域内、たとえばある川の流域圏におさまるようなものもあります。むかしは、こうした小さな環をめぐるものもおおく、流れにしたがったものがめぐっているさまがみえることもおおかったのですが、いまの時代ではおおきな環をめぐるものが増え、そのぶん、ものがめぐっている実感がなかなか得にくくなっているのが実情でしょう。

わたしがみた小さな環の話をしましょう。ミャンマーは上ビルマの町、ミッチーナを訪れた時のことでした。乗る予定だったミッチーナから首都ヤンゴンに帰る飛行機が急にキャンセルになったのです。さあ大変です。ヤンゴンへの飛行機は週二便しかなく、次の便にすると帰国が大幅に遅れてしまうし、だいいち切符が手に入るかどうかもわかりません。困り果てていたところ親切な人が現れて、お金さえ払えば途中のマンダレーの町まで車でおくってくれるというのです。

ただしマンダレーまでは直線距離にして四二〇キロ。実距離では七〇〇キロはあり、車で十数時間はかかるというのです。マンダレーを出る飛行機は午後六時発。その日のフライトにはとても間に合わないので、途中どこかに泊まることにして翌日のフライトを押さえることにしたのです。とにかく諸準備を済ませ、ミッチーナをあわただしく出発したのはもう午後二時をまわってからのことでした。

車は悪路をガタガタいいながらひた走りました。途中イラワジ川の支流をいくつもわたりましたが、橋が落ちているところもおおく、そういうところでは浅瀬を突っ切って川を渡るのです。

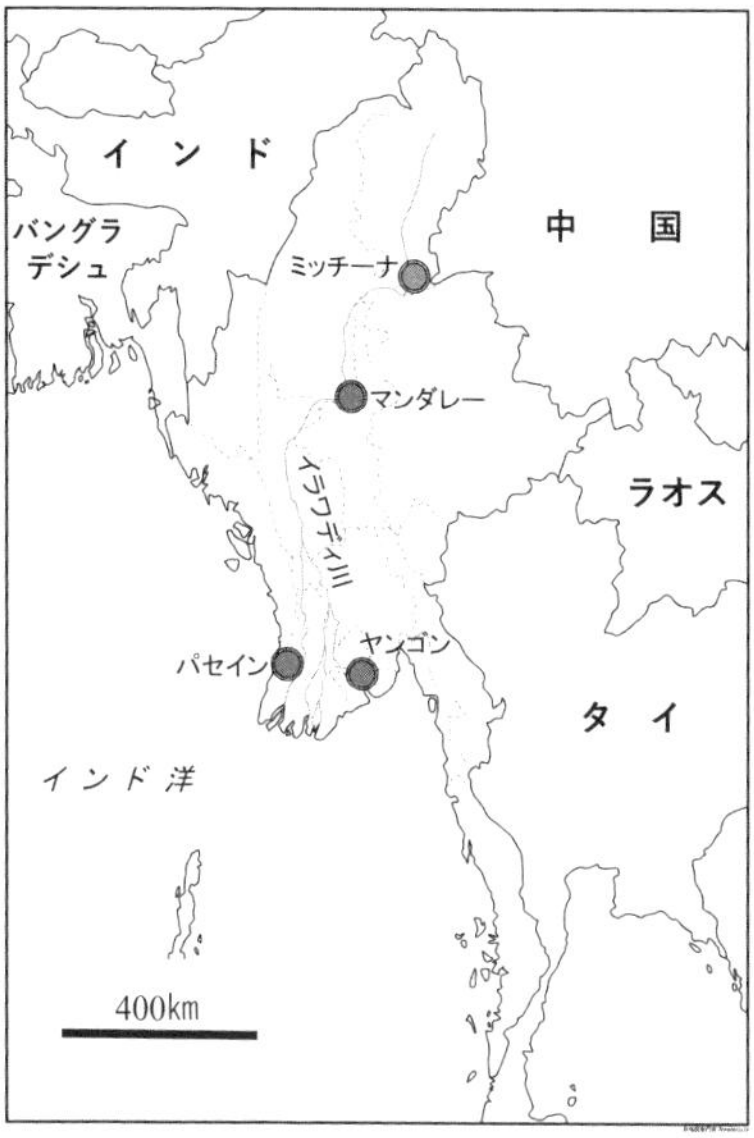

図35　ミャンマーの地図

日が落ちてあたりが暗くなってからはその一回一回が恐怖でした。夜中の一一時を過ぎたころ、とある村に着きました。うかつにも村の名前さえも記録しませんでしたが、旅籠が一軒だけあるような寒村でした。部屋には窓もなくベッドの布団は湿り気でじっとりと重かったのですが、何とか一夜を過ごす場が手に入りました。こういうところで恐いのは蚊が媒介するマラリアに感染することです。ベッドがすっぽりかくれるように蚊帳《かや》を張り、ベッドの下で蚊取り線香を炊き、カッターシャツのボタンを首まで全部とめ、ズボンもはいたまま、しかも裾の上から靴下を履き、首にはタオルを巻いて文字通り綿のようになって眠りこけたのです。

翌朝五時、運転手に起こされました。前日の一〇時間近い悪路行のためか、身体は鉛のように重く、あちこちが痛みました。用を足そうと外に出ました。むろん部屋にトイレなどなく、薄く削いだ竹を編んだだけのいかにも粗末なトイレがぽつんと庭にたっていました。旅籠の親父さんが黙って一メートルくらいの長さの竹の棒を差し出します。何のことやらわからずにいたのですが、横にいた運転手も、それをもってトイレに行けというのです。その意味はすぐにわかりました。トイレに座り込んだ途端、どこからともなくブタが現れて近寄ってくるではありませんか。もらった竹の棒で迫り来るブタを追い払いますが、追い払えど追い払えど、ブタは執拗に迫ってくるのです。棒を持ってトイレに行けというのは、なるほどそのためであったのです。ほうほうのていで用を足すとそうそうにトイレを立ち去りましたが、後ろを振り返った時には豚ももうそこにはいませんでした。ブタも「用」を足したのです。トイレは地面に浅い穴を掘っただけのごく簡易なもので、私が入ったときにも不思議にも使ったあとがありませんでした。トイレが意外にもきれいだったのも、納得のゆくところでした。

そのブタも、あれからしばらくして村人のだれかに食べられたに違いないのです。つまり村人たちは自分たちのうんこを食べたブタを食べているのです。そこにはごく小さな循環があるということでした。

図36　水牛

ラオスの鶏たち

ラオスの平野部ではたくさんの水牛が飼われています（図36）。さて水牛はおもには使役用に飼われているようですが、何かの時にはその肉は食べ物になります。そんな彼らは家畜舎に飼われていますが、昼間は近くの水場などで放し飼いにされることがおおいようです。放し飼いといってもまったくの放し飼いではなく、おおくの場合は地面に突き刺した杭にヒモでつながれ、そのヒモの長さを半径とする円形の土地の中で草を食んで暮らしています。

水牛はみかけはいかにもいかつく、ちょっと近寄りがたい感じを受けますが、普段は臆病でむしろたいそうおとなしい動物です。私は、目の前の幅わずか五〇センチほどの溝をわたるのに半時間近くも逡巡する水牛をみたことがありますが、その姿は何やらほほえましくもありました。そのような彼らなので、昼間は外で過ごしても夕方になると飼い主に従ってわが家へと帰ってゆくのです。行き帰りの道すがら、彼らは何の遠慮もなく糞を垂れていいます。その図体に似て水牛の糞はとてもおおきいのです。直径が三〇センチほどのアンパン型の糞が、道沿いに点々と落ちています。

あまり清潔とはいえないその光景に、もう一つ、とても印象深い光景がこれに加わることがあるのです。ここでは鶏も放し飼いにされています。人びとは鶏にも特別餌をやることがありません。彼らは、庭に落ちているそれこそさまざまなものをついばんで食べます。籾摺り作業の終わったところには、どこの家の鶏かは知らないのですが、幾羽もの鶏が集まり、せっせと地面をつついています。そして彼らは、道路のあちこちに落ちたままの水牛の糞もついばむのです。

何をつついているのかと近寄ってみたことがあります。水牛の糞の中に何やら白っぽいものがうごめいています。水牛の消化器に寄生する寄生虫です。鶏たちはその寄生虫をついばんでいたのです。鶏たちにつつかれた糞はいち早く形をなくし、速やかに土に還ってゆきます。

なお鶏たちは、糞に混ざる野生イネの種子をも食べるようです。しかし食べた種子のいくばくかは消化されずに種子のままふたたび排泄されます。こうして、野生イネは種子によってその分布を広げてゆくのです。北海道農研機構の黒田洋輔さんは、ラオスでのフィールド調査をもとにまとめたその博士論文のなかで、鶏たちが水牛と一緒になって野生イネの広がりに一役買っていることを見事に証明してみせてくれました。それまで私たちは、野生イネの種子を運ぶのはもっぱら水の流れだと考えていたのですが、これだけではありませんでした。熱帯の豊かな生態系では、動植物が一体となって生きているのです。生きものたちが互いにさまざまに影響し合って一つのシステムが出来上がっています。野生イネは、このシステムの中で、水牛や鶏、さらには人間を含めたあらゆる生きものと共生しているのです。

もうひとつの小さな循環

循環の環が小さければそれでよいのでしょうか。小さな循環ができている空間はまだほかにもあります。本書冒頭に掲げた写真は、宇宙ステーション内部で宇宙飛行士たちが食事をとっている風景でした。そして、さすがにそのシーンは公表されてはいないと思いますが、彼らは当然にして排泄もします。それは、生きとし生けるものとして、そこから絶対に逃れることのできない宿命的な営みです。生存に欠かすことのできない水は、彼らの尿をろ過してまかなっているといいます。これもまた究極の循環システムです。ただし宇宙ステーションでは食料は地上から補給しなければなりません。宇宙ステーションはともかく、将来の有人火星探査機などでは、野菜の生産システムのようなものを持ち込む計画もあるといいます。こういうシステムが完成すれば、人類は再び、地球以外の天体でごく小さな循環のシステムを構築することになるかもしれません。

だがしかし、過去に地域社会がもっていた小さな循環と、ハイテクを駆使した小さな循環とではもっている意味が根本的に異なります。前者のシステムはほぼ完全に閉じた系をなしていて、外から持込まれるのは大気、水、太陽光だけです。これらはおおきな循環を介して供給される資源ではありますが、他はすべて系内から供給されてきました。いっぽう後者の循環は水のろ過はじめ、酸素の供給、温度の維持など生活の根幹にかかわるすべてのものが大量のエネルギー消費に支えられているのです。石油や電気などのエネルギーが、多岐にわたるプレイヤーの仕事や複雑なシステムの仕かけを贖《まかな》っているのです。

将来の人類が仮に火星で生きてゆくようになったとして、どうでしょう。彼らの生命は、おそらく、地球から持ち込んだ植物の種子、微生物、動物のつがいなどによって支えらえることになります。そういう暮らしをする機会があったとして、そこに暮らす人びとはそのときになってはじめて自分たちの生命が彼らの生命に支えられていること、そして自分たちの排泄物が彼らの生命を支えていることに気づくのかもしれません。

人間もまた、他者の排泄物をもらって生きています。それも、不承不承そうしているのではなく、好んでそうしているのです。人間は発酵食品を食べます。哺乳動物の中で、発酵したものを食べるものはいくらもありますが、わざわざ何かを発酵させてそれを食べるのは人間だけです。

アルコールについて考えてみます。3章に述べたように、ある種の微生物が糖を食ってエネルギーに変える過程で二酸化炭素とアルコールができます。アルコールは、いい換えれば、微生物の排泄物なのです。排泄物たるアルコールを摂取するのは人間だけではありません。酢酸菌という別な微生物もまた、アルコールを摂取します。そしてその排泄物が酢酸になります。そして人間はこの酢酸を酢として摂取します。

ヨーグルトもまた類似の食品です。ヨーグルトは、哺乳動物の分泌物であるミルクに乳酸菌を加えて作ります。乳酸菌はミルクに含まれる乳糖を分解します。その時に乳酸が出ますが、この乳酸がミルク中のたんぱく質を固まらせるのです。ですから、ヨーグルトは乳酸菌の出した乳酸が作り出したものということになります。

どの過程もみな、微生物が自分たちの生存のためにおこなっている化学変化の結果できたものを排泄したところ、他者であるヒトや動物たち、あるいは他の微生物などが自分たちの生存に必要なものとして摂取する過程です。排泄物というといかにも聞こえは悪いですが、ある生物が体外に排出した不要物が他の生物には必須であるということこれらの関係は、食物連鎖の根幹をなす関係で、けっして特別の関係ではないのです。

第13章　いのちの交換と地球環境

人は死体をどう扱ってきたのか

最近は医療の発達で、人の寿命はずいぶんと延びました。日本でも、「がん」「心疾患」「脳卒中」のいわゆる「三大疾患」に対する治療法の発達は目覚ましいものがあります。テレビなどのコマーシャルをみていると人類は永遠の命を獲得しようとしているかのようです。しかし人は、なんぴとであれ必ず亡くなります。形あるものは必ず滅ぶのです。これだけは公平です。死ねば、亡骸があとに残されます。

現在の日本では、亡骸《なきがら》は火葬するのが一般的です。それ以外の方法、たとえば土葬も法律的には違法ではありませんが、おおくの地域では条例などにより実質的に禁止されています。結果、ほとんど火葬になっているようです。火葬後は墓地に埋葬されますが、おおくの場合は骨や灰を骨壺《こつつぼ》にいれて保存されます。つまり、いまの火葬では、遺灰も遺骨も使われることなく半永久的に「保存」されています。しかしかつては遺体は土に還され、資源として利用されていたのです。最後の社会貢献というところでしょうか。

それでも遺体も排泄物に劣らず忌み嫌われます。その気持ちは時代や地域を越えてかなり普遍的です。文化人類学や民俗学の分野では、このような気持ち、感覚あるいはそれに伴うさまざまなおこないを「穢《けが》れ」と呼びます。死体は、もっとも穢れたものといってよいでしょう。穢れの語はもちろん日本語ですが、諸外国にも似た概念はあります。穢れの中でももっともその程度の強いのが死です。おそらく「うんこ」の比ではないと思われます。

死体と排泄物にはもうひとつ似たところがあります。衛生面での「危険物」であるところです。むろん死因が何であるかにもよりますが、伝染病でなくなった遺体の場合にはとくに危険です。中世の欧州でペストが大流行したとき、人びとは遺体の始末に困り果てました。日本でも、中世の都市では伝染病の流行、繰り返される飢饉などで町が死体の山となったことも一度や二度ではなかったのです。「方丈記」には次のような記述があります。

「仁和寺に隆暁法印といふ人、かくしつつ数も知らず死ぬることを悲しみて、その首の見ゆるごとに、額に阿字を書きて、縁を結ばしむるわざをなむせられける。人数を知らむとて、

図37　仁和寺

四五両月を数えたりければ、京の中、一条よりは南、九条より北、京極よりは西、朱雀よりは東の、路のほとりにある頭、すべて四万二千三百余りなむありける」

有名なくだりですから本書の読者もきっと読んだことがあるでしょう。この段のひとつ前には、養和元年（一一八一年）におきた大飢饉による混乱の様子や、とくに町中に死者があふれていたようすがなまなましく描かれています。そして、いまの河原町通（京極）と朱雀（大路、いまの千本通）の間、つまり京都市中の東半分に放置された死者の数を数えたところ四万二〇〇〇体を超えていたというわけです。

想像を絶するおぞましい光景です。平和な現代に生きる私たちには、想像を絶する乱世を生き抜いた人びとにも耐え難い光景であったのでしょう。この時代の人びとが宗教にのめりこんで言った理由も理解ができようというものです。しかし反面、遺体は貴重な資源でもあるのです。死者の肉体は、小動物やトリ、昆虫さらには微生物などによって分解され、そして最後にはミネラルなど養分となって植物に吸収されてゆきます。あるいはそれは他の分解物と一緒になって川を下って里に達し、そこで作物の肥料になってゆくのです。あらゆる生物は文字どおり「土に還」っていきます。そしてこのことは、人間の亡骸にとっても例外ではなかったのです。人体を含めたあらゆるものを構成している「もの」が循環していたのです。人びとがこのことをどこまで意識していたかは別として、客観的には以下のような計算がなりたちます。以下に、肥料の三要素のひとつとされるリン（P）について考えてみましょう。

化野《あだしの》

京都盆地の北西の端に「化野念仏寺《あだしのねんぶつじ》」という寺があります（図39）。京都にある「野」の一つ「化野」にある寺です。寺の縁起によると、平安時代の僧空海が、それまでこの地に散在していた遺骨を集めて供養したのがそのはじめだといいます。空海のころ、つまり平安京ができたころには、人びとは死者の骸をこの地におく習慣をもっていたのだろうと想像されます。そして、いま寺におかれる数千ともいわれる小石の塔のおおくは室町前後に作られたもので、寺付近に散在していたものを明治期に集めたものといわれています。「賽《さい》の河原」として知られる境内におかれた数千もの石仏の一つひとつにはそうした歴史があるのです。

寺の立地をみてみましょう。寺は京都盆地のほぼ西北端に位置する嵯峨野の最奥部にあります。そこはまた、桂川の支流である瀬戸川（芹川）が作る扇状地の扇頂付近にあります。嵯峨野は嵯峨天皇の離宮があったところで（いまの大覚寺）、付近にはいくつもの著名な寺院がありますが、しかし一般人はその当時、決まった菩提所をもっていませんでした。一般人は、死ねば、おそらくは嵯峨野の一番おくまったところにある、この寺周辺の地におかれたのでしょう。何しろ、三位以下の身分の人は墳丘を作ることを禁じられていた時代のことです。

京都では中世まで、普通の市民の遺体は、盆地の周辺におかれた「野」に運ばれ、そこで風葬されるか、あるいは土葬されるのが常でした。このような「野」が、京都にはいくつもありました。そのうちのひとつがこの化野だったのです。『徒然草』の七段にも、「あだしのの露消ゆる時なく、鳥辺山の煙立ち……」とあって、この地が古くからずっと埋葬の地だったことがわかります。

化野に限らず、京都の野はいずれも小高いところにあります。『徒然草』に登場する鳥辺山（野）は清水寺（東山区）の近くにあったようです。蓮台野も、市の北部、船岡山付近の高みにありました。野がこうした高みにあるのはどうしてでしょうか。盆地にある京都で、町の周辺と言えばどうしても山のふもとの標高の高いところにならざるを得ないという事情ももちろんあったことでしょう。しかしそれだけでもなさそうです。日本では昔から、平野部でも、墓域は高いところにおかれてきました。高みにおかなければ洪水の際に流されてしまうから、といわれますが、高みにおかれたことは、物質循環の観点から都合のよいことでした。

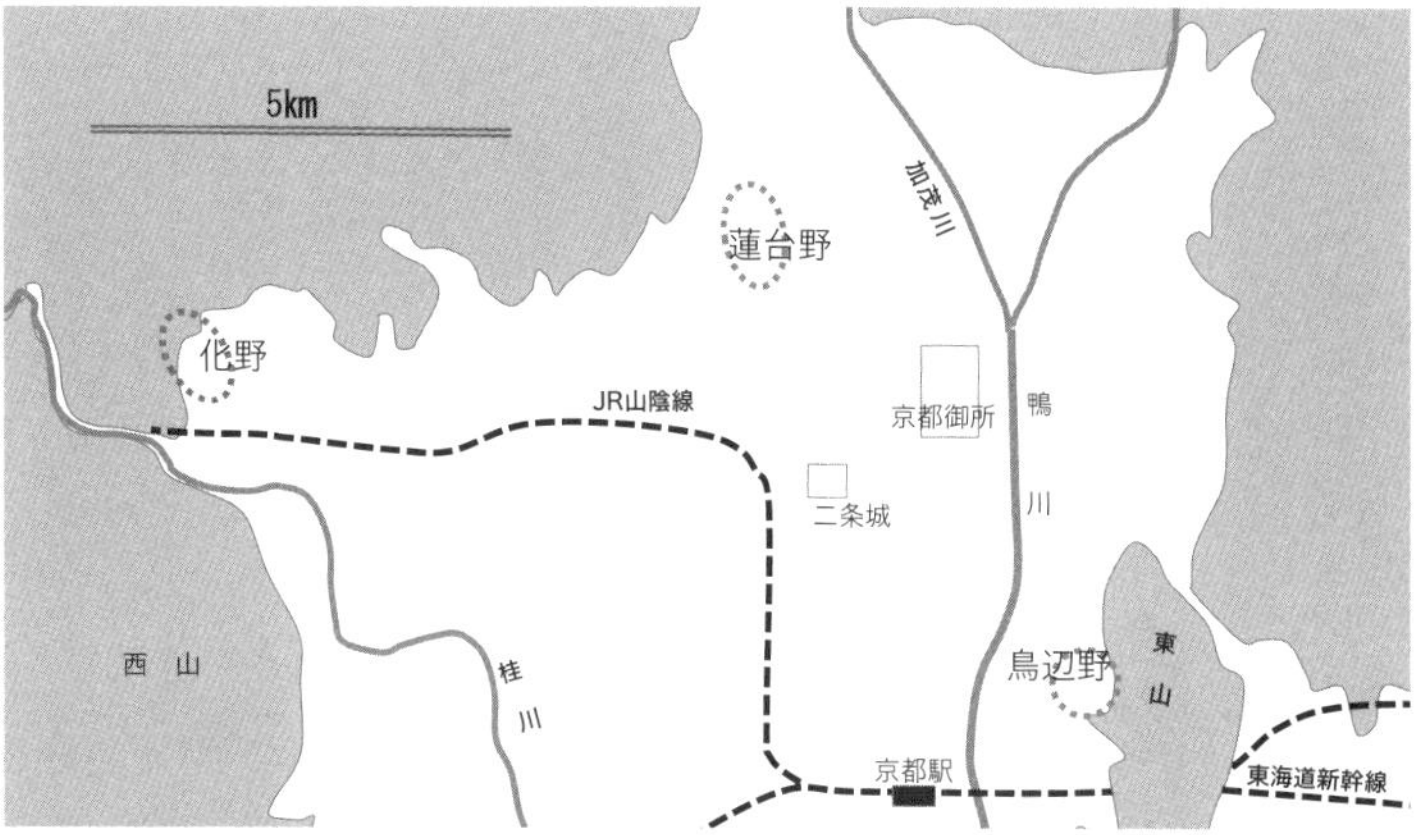

図38　京都における「野」

図39　化野念仏寺

さて、土葬に戻ります。遺体を風葬ないしは土葬にしたのは江戸も同じでした。『江戸のまちは骨だらけ』を著わした鈴木理生さんは、東京都心で建築現場の地下からしばしば大量の人骨が出てくるのをみてそう思ったそうです。江戸期の都心では遺体は寺に無造作に葬られており、また寺の移転がしばしばおこなわれたために、移設されず残された遺体がそこかしこでみつかるのだそうです。さすがに江戸時代の江戸には、京都における「野」のような空間は持てなかったのでしょう。その代わり、武蔵野までゆくと、野に相当するところはあったようです。

この問題は宗教とも深くかかわるデリケートな問題です。しかしだからといって何も考えないでよいということにはなりません。自らの「生き死に」のことですので、よく考えてみたいものです。

最後の貢献

死者の肉体は分解され、養分となって植物に吸収されてゆきます。あるいは他の分解物と一緒に川を下って下流域に達し、そこで作物の肥料になってゆきます。つまり、あらゆる生物は文字どおり「土に還」ってゆくのです。このように人体を含めたあらゆるものが、循環をなしていたものと考えられます。人びとがこのことをどこまで意識していたかは不明ですが、客観的には以下のような計算がなりたちます。ここでは、肥料の三要素と言われるリンについて考えます。

人体に含まれるリンは総体重の一・一パーセントと言われます。当時の人の平均体重はよくわかっていませんが、仮にそれを五〇キログラムとすれば、一人の身体に含まれるリンの総量は五五〇グラムとなります。京都の人口を二〇万とし、平均寿命を五〇年とすれば、年間に亡くなる人は四〇〇〇人程度となります。つまり京都盆地で、人の身体が生態系に返すリンの総量は年間二・二トンとなります。むろんリンの一部は川を下って海にまで達したでしょうが、それがなければリンはそのまま農業生産に回されていたのです。

いっぽう、肥料として水田に施用されるリンの量は、現代の農業では一ヘクタールあたり三〇キログラムほどなので、もしこの施肥量を基準にするなら、二・二トンのリンは七〇ヘクタールほどをカバーすることになります。当時一ヘクタール当たり二トンの米がとれたとして、七〇ヘクタールの水田からは一四〇トンの米がとれた勘定です。このように計算すると、一人年間一五〇キロの米が必要として、一四〇トンの米が賄える人口は一〇〇〇人ほどになります。むろんこの計算はざっくりしたものですが、四〇〇〇人がなくなって一〇〇〇人が賄えるとすれば、これは相当の量というべきだろうと思います。

先述のように、現代の火葬では、リンの大半は骨壺に収められてしまいます。残った骨片は廃棄物として処理されるほか、一部は灰として大気中にまき散らされます。最近のように高い煙突をもつ火葬場では、灰は遠くまで拡散し、一部は海にまで達することでしょう。

それならば、遺骨を資源として積極的に使うことを考えてはどうでしょうか。最近話題になっているのが「自然葬」です。これは従来のように遺体を墓という狭い空間に押し込めるのではなく、遺体や遺骨、遺灰を土壌や川、海などに撒く埋葬のやり方を言います。これだけ人口密度が高くなってくるとさすがに風葬というわけにはゆきません。衛生面の不安もあります。「自然葬」の思想では、遺体そのものであるか、遺骨・遺灰であるかは問題にしないので、骨や灰の一部を海や大地に還す方法が注目を集めているのだそうです。

「散骨」という方法も、すこし前から知られていました。どちらも、骨や灰を資源として使うことを暗黙の了解事項としています。これならば衛生上の懸念も消えるし、精神的な抵抗感もずいぶんと軽減されます。火葬しても、放散されてしまうのは水や炭素が主で（炭素は二酸化炭素などとして大気に放散される）、リンやカリといったミネラルは骨や灰の部分におおく残されるでしょう。

埋葬には社会の習慣や宗教上の考えが強く関係してきます。自然葬のやり方を強制することはできません。選択の自由は守られるべきですが、いまの日本には無宗教の人も増えてきています。理屈さえ納得できるものならばこれに従う人もおおくなると想像されます。死して資源となる——この世に生きた最後の証《あかし》、いな最後の貢献なのかもしれません。

第14章　食と環境問題

内なる機械化、外なる機械化

　人類はこの先どこに行こうとしているのでしょう。答えはいろいろでしょうが、わたしは、人類は自己機械化に向かってすすんでいるように感じています。そして自己機械化には二つの方向があるように思います。

　ひとつは、外科手術などによる機械化です。むかしの手術は切って悪いところを取るだけのものでした。手術を重ねれば重ねるほど身体の部分が取り去られていったのです。しかし最近は臓器移植のほか、人工関節、人工血管、人工の歯など人が工業的に作った臓器の埋めこみや、またはｉＰＳ細胞を使った臓器再生のような方法もできてきました。いまの手術は、外から何かを付け加える手術でもあるのです。心臓のペースメーカーなどの補助的な器具もありますし、心臓の大手術の際に使われる人工心肺や新型コロナウイルス感染症に伴う重症の肺炎に使われているエクモ、あるいは重い腎臓病の人たちが使う透析装置もまた、一種の機械化の表れといってよいでしょう。これらはいわば外付けの補助臓器です。人口学の権威のある先生は、初めて外科手術を受けた時、自分がサイボーグになったような気がしたといっていますが、その話を聞いたとき、いい得て妙と感じました。そう、人類は自分たちを機械にしようとしているのだと。

身体を機械にすれば、わたしたちはいままで越えることができなかった身体的な制約から解き放たれることになります。空も飛べるようになるでしょうし、一〇〇メートルを三秒で走ることもできるようになるでしょう。視力を猛禽類並みに上げることもできれば、あるいは悪い臓器を取り換えて寿命を一三〇歳にまで延ばすこともできるでしょう。このような動きを内なる機械化と呼ぼうと思います。

そして人類はもう一つの意味で自分を機械化しようとしているのかもしれない――わたしにはそのように思われます。それが外なる機械化です。それは、口を通して入ってくるものを通じて自己を機械化しようとするもの、より具体的にいえば食物の人工物化です。わたしたちが口にするものは、一万年ほど前までは完全な自然物でした。それが、農耕、遊牧という技を発明してからは、作物、家畜という半人工物となりました。半人工物とはいうものの、研究者によってはこれらは「人が作った植物」「人が作った動物」と呼んでいます。それから一万年のときを隔てたいま、わたしたちが口にするものはさらに人工の色彩を濃くしています。さまざまな食品添加物がくわえられた食品、冷凍食品などなど、いまや食品のおおくが高度に加工された人工物になっています。

内なる機械化と外なる機械化。どちらもヒトの寿命を伸ばし、健康年齢をも長くし、人類の幸福に貢献してきたことは確かです。しかし機械化は経済的な負担をおおきくします。一人の人がうまれてから死ぬまでの間に、衣食住や医療に関係してどれだけのエネルギーを使ったか、計算することができるでしょうか。おそらくその値は、いまの先進国、とくに日本ではとてもおおきな値になることが想像されます。どの国にうまれたかで使うエネルギーの値に格差が生じるのはよいことではありません。さらに今後にわたり、お金持ちの人は最新技術の果実をどんどん享受できるのに、貧しい人は享受できないとなると、おおきな不公平が生じます。

二つの機械化をとことん突き詰めてゆくと、人類はどこに向かっていくのだろうという不安にゆき当たります。そこはロボットと化した身体を持つ人間が、水のほかは栄養剤のようなピル状のものだけを食うような、そんな社会をめざしているのでしょうか。いや、いまの社会はもう、そのようになりかけている、とわたしは思います。もちろんそれでよい、それがよいと私が考えているわけではありません。わたしが懸念するのは、そのような社会はいやだと考える人が減ってきているように感じられることです。わたしたちはいったいいつから、食べることが栄養摂取と同じことだと考えるようになってしまったのでしょうか。食べる楽しみとか、おいしく食べる、味わって食べるといった食の価値を、改めて問い直す時期が来ているようにも感じます。

「食べすぎ」がもたらす環境問題

二〇世紀の後半、一九七〇年代に入るころから、世界では人間活動によって生じたさまざまな問題が深刻になり始めていました。レイチェル・カーソンが『沈黙の春』を著わし、環境問題を世に問うたのが一九六二年。その十数年後には、日本では有吉佐和子が『複合汚染』を著わして日本国内の問題を小説という形で問題提起したのです。ただし当初、日本でもアメリカでも、これらの著作は振り向かれることはありませんでした。それればかりかカーソンには中傷が繰り返し加えられるありさまでした。しかしその後、「地球の限界」はその後、だれの目にもあきらかになってゆきます。二〇〇九年にはスウェーデンの研究者ロックストロームたちが著名な科学雑誌『Ecology and Society』に、「Planetary boundaries」と題する論文を発表して話題になりましたが、このタイトルは日本語に訳せばまさに「地球の限界」であったわけです。

問題は、もとはといえば食料の増産にありました。人類の歴史は、それまで、ある意味で農地拡大の歴史でした。農地の拡大が思うに任せなくなると、化学肥料の増産、肥料分の増加に対応して収穫を伸ばせる品種の育成、水を確保するための灌漑設備の整備が図られました。これらにより、世界のおおくの地域で穀類の生産量は飛躍的に伸びました。「緑の革命」と呼ばれるおおきな動きでした。

しかしよいことばかりではなかったのです。富める少数の農民と、大多数の貧しい農民の出現というひずみが、国境を越えて生じました。さらに悪いことに、肥料による土と水の汚染が進行しました。灌漑設備の充実は最初の間は農地を拡大しましたが、やがて地下の塩類が地表にたまる「塩害」という問題を生じ、農地の荒廃を引き起こし始めたのです。肥料分によって作物の葉や茎が柔らかくなり、害虫や病気が流行しやすくなりました。栽培される品種の数が減ったことで、それらの流行は一層拡大します。農薬が次々と開発されてゆきましたが、それらによる水の汚染や人の健康被害が深刻の度を増してゆきます。

品種改良は生産力を伸ばしましたが、いっぽうで品種の多様性を損ないました。料理や食べ方の画一化がすすんで、地域の食文化がどんどん衰退を始めたのもちょうどこの時期でした。増え続ける人口は、ある意味では食料が豊かになったためでもあります。人口増加は、主に都市部に顕著です。都市はもともと食料を自らの手で生産しない人びとが暮らす地域ですから、そこの人口が増えると、食料増産への圧力がますます強まります。少数の品種を大量に作って都市に運んで加工（料理）するシステムが出来上がってゆきました。

このように、人口の増加が、地球の環境を破壊しながら食やその文化の多様性を地球のレベルで失わせてきたことは確かです。七〇億を超えた人類の食は、今後もまかない続けなければなりません。たゆまぬ技術開発は必要ですが、しかしそれには限界があります。限られた食料をどう分配するのか、公平に分配するにはどのような仕組みが必要か、そもそも公平とは何か。どう食べるべきか。そしてそもそも食べるとはどういうことか…。こうした、一人ひとりの、あるいは異なる文化を持った人びとの価値判断が問われるようになってきているのです。価値判断の学問——人文学的な研究がますます重要になりつつあります。

人文学の研究は、価値、善悪、美醜など、人間の主観を交えて論じる学問です。ものごとの原理や世界の仕組みを客観的な目でみる自然科学にはできない研究です。価値、善悪、美醜を論じるとは、理想の形を追求することでもあります。社会のありかた、個人の生き方はどうあるべきか、社会の仕組みや制度はどうあるべきか。こうした考え方が重要になってくるでしょう。

社会のあり方、個人の生き方は、その社会、その個人のものです。研究者はそれらを研究対象とはしますが、どう生きるのも、社会がどう動くのも、それは個人のもの、社会のものです。研究者のものではないのです。食にまつわる人文学的な研究は、社会の人びと、個人を巻き込んだものでなければなりません。

食べなければ環境問題は起きないか

では、人が食べなくなれば問題はおきないのでしょうか。直感的にみても、ことはそれほど簡単ではありません。

まず、いまの日本、特に地方で問題になりつつある「縮小社会」化を考えてみます。日本はいま、総人口の減少という問題に直面しています。人口の減少が数字に表れたのは二〇〇七年でしたが、食料の生産と消費量は、そのすこし前からすでに始まっていました。

人口減少は地方で顕著です。だから、人口減少は農業生産人口に顕著なのです。消費も減りますが、生産はもっと減るのです。加えて、地方の農村部で深刻なのが獣害です。シカ、イノシシなどの野生動物が農産物を食い荒らしおおきな問題になっています。わたしも、野生動物による食害を受けた農家の人に話を聞いたことがあります。その彼は、損害は、普通に収穫できていれば得られたであろう利益を失ったことに加えて、精神的なダメージがそれに増しておおきいのだといっています。

「収穫直前の野菜を動物に食われて無に帰したのをみたら、もう次からここで畑を耕そうとは思えなくなる」

この一言はわたしの胸にもずしんと響いたのでした。

先にも書いたように、日本では食の消費は減退するいっぽうです。理由の一つは総人口の減少ですが、理由はそれだけではありません。一人当たりの消費量もまた年々減少しているのです。二〇一六年の時点で、一人当たりの摂取カロリーは二〇〇〇キロカロリーを切っています。これはなんと、一九四六年つまり敗戦の翌年と同じ水準です。むろん統計数字がどれだけ実態を表しているか疑問がないわけではありませんが、それでも個人当たりの摂取カロリーが伸び悩みを示していることは実感されるところです。考えうる原因としては日本人が食べなくなってきていることがあげられるのではないでしょうか。運動量の不足もその原因かもしれません。あるいは、「糖分は摂るな、脂質は控えよ」といった、食べることがまるで悪いことであるかのようにいい立てるマスコミの報道やコマーシャルも影響しているのかもしれません。

食べないことは、作らないことにつながります。そうでなくても過疎化がすすみ、里が劣化して野生動物の天下になってゆく日本の里地を何も作らない空間としてこのまま放置すれば、そこは間違いなく人が入り込めない場所になってしまいます。私たちの祖先が数百年かけて作り上げてきた里のシステムが、わたしたちのこの時代に消えてなくなろうとしているのです。そのことで引き起こされる問題は何か。生態学、農学、経済学などの分野での検討に加えて、地理学、社会学、景観学など、さまざまな分野からの総合的な検討が必要なように思われます。

和食文化とは何か

さて、和食ブームが続いています。おおきな起爆剤になったのが二〇一三年のユネスコによる「無形文化遺産」への登録でした。それから五年、ブームはまだ続いていますので、本物になりつつあるのかもしれません。

でも、和食やその文化がほんとうに日本社会によみがえるかどうか、わたしはまだ安心していません。食文化のほんとうの担い手は食べる人、つまりわたしたち一人ひとりです。しかしいまテレビやネット上でもてはやされているのは「ハレ」の和食や海外から訪れる観光客の動向ばかりです。もちろん「ハレの日の食」は和食のこれからを考えるうえで重要でしょう。しかし、和食文化を支えてきたおおくのごく普通の人びとが日々食べている食、つまり「ケ」の食文化は、このままではおいてきぼりを食うのは間違いありません。そして、「ハレ」の日の和食の文化を支えてきたのも、これからの支えてゆくのも、それはごく普通の人びとの食なのではないでしょうか（4章69ページ参照）。それは、食に限らず文化の理解にはそれなりの経験と時間とが必要だからです。海外からのお客さんたちが文化や伝統をその場限りの食事で理解するのは無理だとわたしは思うのです。京都・祇園の一部の店の「一見《いちげん》さんお断り」というかつてのしきたりは、――わたしもはじめはなんとお高くとまった商売のしかたなのだろうとおおいなる違和感を覚えたのですが——最近はそれもまたむべなるかな、と思ったりもします。わたしがそういうお店に出入りするようになったということではありません。ただ、たまに京懐石のお店に招かれたりして食事を楽しむうち、部屋のしつらえや八寸に盛られた食材に店主の心意気をふと感じたりするうち、これを理解し楽しむにはそれなりの経験や知識が欠かせないと思うようになったのです。

このことは何も「ハレ」の日の料理に限ったことではないとおもいます。平日の朝食の豆腐の味噌汁に、前日知り合いの農家のおかみさんにわけてもらった大葉（青シソの葉）が細かく刻んで散らされているだけで、夏を感じ、彼女の気持ちを感じることができます。それはごくちいさな「物語」なのです。むろんこのようなちいさな物語は和食に限ったものではありません。食文化の中で季節を大切にするのはひとり和食だけのものではないのです。もし和食文化だけをそのような文化だと解釈するとすれば、それは異文化に対する無知であり異文化に対する偏見につながります。和食文化が季節感を重んじるというのは、それが日本の風土に固有の季節感やその素材を重んじるということなのではないでしょうか。その意味では、和食の食材を空輸して和食の造詣の深い料理人が料理したものをパリやニューヨークで楽しむというのは、一種の遊びではあるけれど、真の意味での和食への理解にはかならずしもつながらないだろうと思うのです。

京都のある料理人の方からこう聞いたことがあります。「海外からくるお客さんの中には、うちの料理（いわゆる京懐石）を召し上がっていただいても、『おいしいのはおいしいし彩りもきれいだけど、何を食べているのかよくわからない』といわれることがあります。そんな時、どう答えたらええんやろと思うこともあります」、と。懐石に比べると、江戸発祥の「鰻重」「天ぷら」「寿司」などは確かにわかりやすい。でも、なにも媚びることはないと思います。仮に私たちが海外に出かけて行って、一度や二度そこで食事したからといって、それでその国の食文化がわかるようになるものでしょうか。日本の食文化の奥深いところにあるものを、一度や二度日本に来たことがある、だけの外国人に理解できるとも思えません。

話は飛躍しますが、最近の大学の授業では「哲学」という講義がすくなくなっているのだそうです。何やら小難しい先生の話を聞いても何をいっているのかさっぱりわからないとかで学生の評判が芳しくない。そこで「生き方を考える」など一見わかりやすそうなタイトルに換え、話もうんとかみ砕いて哲学を教えるのだそうです。わたしも若いころはそう思っていました。授業はわかりやすくなければならない、と。それはその通りですが、最近はむしろ「砂をかむような思いをしながら、読書百遍意自ずからみる」という訓練も必要ではないかと思うようになりました。ときには、わかるまで通ってもらう、わかるまで繰り返し考えるということも必要なのではないでしょうか。

海外における和食店の増加をもって和食の理解が世界に広まるとは思わないと先に書いたのはこうした理由によるものです。大切なことは、「和食文化はあなた方の国の文化がそうであるように、季節や行事を大切にしている食文化なのですよ」ということをつたえ、そしてさらにそれに付け加えて和食に固有の調理の方法や盛り付けの方法を知ってもらうということなのだろうと思うのです。そして、ほんとうに和食について深く知りたければ、日本にしばらくは滞在して食べてくださいね、と付け加えることを忘れてはなりません。そしてそのための前提として、まず日本人であるわたしたちが、和食についてちゃんと考え、ちゃんと食べることが必要なのではないでしょうか。

食は風土《テロワール》である

フランスの地理学者であり、また哲学者でもあるオギュスタン・ベルクさんは、長年、日本の哲学者である和辻哲郎の『風土』について研究してきました。『風土』は、日本人の間では、その土地に住む人びとの気質や社会の構造がその土地の「風土」、つまり気候や土などの自然条件によって決まると述べた書であるかに考えられがちですが、ベルクさんによればその解釈はあまりに一面的です。そもそもその土地のいわゆる風土は、そこに住み、あるいは住んできた人びとの意思や行動によって規定されてきた面がおおきいからです。つまり風土という実態そのものが、その土地の気候、土などの自然と、人間活動の相互作用による――そうした解釈がもっとも適当なように思われます。

ベルクさんの国にはテロワールという語があります。テロワールとは、「土地」を意味するフランス語ですが、どうもその意味はもっと深いところにありそうです。フランスのワイン生産地を訪ねてみたことがあります。ボルドーで、ジロンド川という川の左岸に広がるメドック地区と右岸上流のサンテミリオン地区の赤ワインの生産者を訪ねてみました。二つの地域は、まず、前

図40　ボルドーのシャトー

者が石灰岩の歴をおおく含んだ土壌であるのに対して後者は粘土質土壌であるなど、土質がはっきり違うようです。そして同じ地域の中でも、畑が、丘の斜面のどちら側にあるかで日当たりや水はけが違ってきます。このような土や微気候の要素は、栽培される品種を決めるおおきな要素になります。品種の違いは、ワインの味（酸味、風味、コクなど）に影響しますが、味は、栽培方法によっても当然変わります。苗木の時代にわざと水を与えないでおくと、苗木は水を求めて根を地下深くに伸ばそうとします。すると、深いところの土壌の栄養分が果実に届くわけで、同じ品種を同じ土地

で育てたとしても果実の味は変わってくるといいます。さらに、樹の年齢に応じて、果実に送り込まれる成分に違いが生じるとか、さまざまな要素が原料となるブドウ果実の味を左右するのです。

果実を絞って果汁を得る方法、発酵の方法（攪拌の方法や発酵タンクの材質）もまたワインの味を変えるようです。発酵がすんだあとは木の樽でしばらく寝かされますが、樽の材質、あたらしい樽かそうでないか、などもおおきな要素になるでしょう。これらは主に作り手の要素です。

ワインの品質保証のために、「格付け」が広くおこなわれています。フランスでは指定地域内で生産されたブドウの果実を使って作っているというか否かなど「原産地呼称保護」の表示などがそれです。さらにメドック地域では、生産者（シャトー）ごとに格付けがあり、その格（一級から五級まで）は一八五五年にナポレオンの指示によって制定された「グラン・クリュ格付」という規格に基づいています。その後、格付けランキングにはほとんど変更がないといいます。伝統の格を重んじているということでしょうか。ただし、五つの格を与えられたシャトーは全体のごくわずか。格付けがないことがイコール品質のよくないワインということではなさそうです。

サンテミリオン地区の格付けはメドックの一〇〇年後、一九五五年に制定されています。こちらはランクは二つ（おおきくは二つ）で、メドックのように固定制ではなくおよそ一〇年ごとに見直しがおこなわれているのだそうです。こちらは、歴史が浅い分、実力主義といったところでしょうか。

生産されたワインはその後瓶詰業者の手で瓶詰めされて販売されますが、同時にここで長期保存にまわすものとそのまま販売するものとにわけられます。どうやらその見極めが業者の腕のみせどころなようで、長い時間静置することで味や香りが深まると思われるものだけが残されます。これがビンテージになります。

赤ワインは、このようにかなり厳格な品質の管理がおこなわれ、しかもそれが公表されていて、消費者のところにもその情報が届いています。そして、どの年のどこのシャトーのワインはどのような香りと味を持つかがワイン通の間では共有され、それをもとに「この料理にはこのワイン」といった組み合わせ（マリアージュ）の提案がおこなわれているのです。この作業を専門におこなうのがソムリエという仕事で、ワインの格付け同様資格があります。

このようなシステムはいまではフランスのみならずイタリアや米国など世界各国で取りいれられています。日本でも、日本酒と和食のマリアージュなどといういい方を耳にします。もちろん、何を食べるのにこのワインでなければならない、といった決まりがあるわけではありません。組み合わせは個人の自由です。ただその場合でも、ワインや料理を、さらにそのテロワールを知っていることは大事でしょう。

テロワールの考え方は、2章でも触れた「風土」の考え方と似たところがあります。その理解には、気候、地理、土壌などの自然科学的な知見のほか、言語、歴史、社会、文化、宗教、経済など、多彩な分野の専門知識が欠かせません。それらの深い理解、言葉にすれば「人と自然の相互作用」の理解が求められているといえるでしょう。人と自然の相互作用の理解には、したがって、長い時間と一種の修養が求められているのです。和食や和食文化の理解は、まさに風土の理解だと思われるのです。

大災害が食文化を創造した

二〇二二年の現在も、新型のコロナウイルスによる感染症で世界中が混乱のるつぼに放り込まれ、おおくの人が苦しんでいます。とくに、外食産業が受けた打撃は、将来にわたってその後の回復が見通せないほど深刻なものです。ほかにも、食にかかわるさまざまな分野で、深刻な影響が出ています。

本書冒頭にも書いたとおり、このウイルス感染症は、人間社会に対してじつにいやなところをついています。人間という生物種は、他者と役割をわかち合う形で社会を進化させてきました。役割をわかち合うということは、他者を信頼し、他者と支えあって生きてゆく、ということです。食に関しては、わかち合い、手わけして料理し、ともに食べるというのが人類の食である食文化であったはずです。ところがこの感染症の制御には、人との接触を極力避けることが大事だというのです。

他人との距離をとることが大事であることは間違いありません。ウイルスは自力では増えることができず、また移動することもできません。ウイルスは、生きた人の体内でのみ増え、その患者の移動でのみ移動します。だから、患者が完全に隔離されてしまえば、その患者が完全治癒するか、もう一つの転帰をたどるかしてウイルスもまた消えてしまうと考えられるからです。問題は、人が人との接触を断つことなど決してできないところにあります。テレワークがどれほどすすもうとも、あるいはオンライン授業が増えようとも、それで動くのは情報だけです。モノの移動は、すくなくとも現段階では人間によらねばなりません。オンライン飲み会、オンライン食事会というのもあるそうですが、めいめいが持ち込んだ飲み物や食べ物は、だれか他者がつくったものなのです。いや、そもそも食べるという行為は、どんなに技術がすすもうともなくなることはありません。生きるとは、食べることだからです。人が他人との接触を断つとは、食べることを放棄するということとほとんど同義です。

感染者の数がすこし落ち着きをみせ、国の「緊急事態宣言」が解除され始めた二〇二〇年五月の末ころから、食事のしかたに変化がみられるように思います。とくに外食はそうでした。外食産業はじめ食の産業は、その直前の二、三か月の間に壊滅的な打撃を受けました。宣言が解除されても、客足がすぐに戻ることはありませんでした。それはそうでしょう。だれもが感染の心配をしています。感染すれば、場合によっては命を落としかねない病気です。運よく命が助かったとしても、その後の後遺症への心配や、また、家族や周囲に対する偏見、差別の心配もあるのですから。とにかくネット社会ですから、真偽をとわず、いろいろな「情報」が飛び交います。臆病になるのは当然といえます。そうした中で、お店を開くのも訪れるのも、いわば命がけのことです。店は店で、知恵を凝らして「三密」防止策をとるでしょうし、客は客で感染防止に不熱心な店にはゆかなくなるでしょう。あの店の対策は面白い、といった情報も、客を通じて伝わってゆくことでしょう。ポストコロナ時代のあたらしい外食のあり方は、このようにしてできてゆくのだと思われます。

日本の社会は確実にあたらしいやり方を身につけてゆくことでしょう。人びとは、あたらしいやり方を取りいれた生活様式を確立してゆきます。文化とはそうしたものだと思われます。政治家や国の機関が、細かいことをあれこれいうことに違和感を覚える人もいることでしょう。食事の際は「料理に集中」「おしゃべりを控えて」とか、「対面ではなく横並びで座る」など、「上から目線」で語ってみたところで定着はしないでしょう。社会が、試行錯誤を繰り返しながら落ち着き先をみつけ出してゆく——それが、感染症と人間社会の共存というものだろうと思います。なぜなら人類は、誕生以来、ずっとそうして生きてきたからです。

今期のコロナ禍に限らず、おおきな災害は、人びとの暮らし、とくに食文化にもおおきな影響をおよぼしてきました。一口に災害といっても、その種類はいろいろです。たった一回の巨大地震が食文化に影響を及ぼした例をわたしたちは知っています。もとは田楽であったといわれる「おでん」は、関東大震災（一九二三年）によっていまのかたちにうまれかわったといわれています。東京にあった甘辛のおでんが、大正時代（二〇世紀初頭）に関西に伝わります。関西では、関東から来た料理なので、これを「関東煮《かんとだき》」と呼びました。名前の由来はもちろん、関東から来たものだからです。「薩摩揚げ」と呼ばれる鹿児島のつけあげと呼ばれる料理もそうです。魚肉などを練って油で揚げた料理ですが、鹿児島ではもちろん「薩摩揚げ」とは呼びません。関西で、昆布だしを使うなど関西風にアレンジされた「おでん」が、震災直後の東京に舞い戻ったのがいまの東京のおでんだというのです（NHK「美の壺」）。震災直後、東京の街は壊滅的な打撃を受けました。関西から、おおくの料理人たちが東京に向かいました。そしてそこで「おでん」を復活させたのがいまの東京のおでんになったのだといいます。関東大震災はまた、東京の味噌も変えたと、京都の味噌老舗「本田味噌」の本田茂俊社長はいいます。壊滅した東京の味噌屋に代わり、信州の味噌屋さんが東京に進出していまの東京の味噌になったというわけです。それまでは、東京の味噌も甘い白味噌の系統だったということです。

繰り返し襲い来る災害も、食文化を変えてきました。江戸のまちは、他の都市に比べて大火災の発生頻度が圧倒的に高かったようですが、単発の火災ならば「復旧」を考えることができても、あまりに頻度が高いと、生活スタイルそのものの変更を余儀なくされるようです。江戸の食というと、「ファストフード」の色彩が濃いのですが、それに呼応するように屋台の流行がみられたようです。火災の都度、立派な構えの店を再建できる人は限られていたでしょう。それよりは、移動性の高い屋台のほうが便利だし、何より安価に準備ができます。今回の新型コロナウイルス感染症の流行でも、外食店は軒並み影響を受けました。おおくの店が「テイクアウト」などの手段を講じましたが、なかには「キッチンカー」などの移動販売車を導入した店もおおくあったようです。災害は、こういうところにも影響が出たものと思われます。

おわりに

料理をしよう

最近、日本人は料理をしなくなったといわれます。いろいろな理由があるのでしょう。かつては一つの家庭に複数の世代が同居していて、料理の知や技が世代を越えて伝わっていましたが、いまでは三世代が同居する家庭はごく少数といわれます。社会全体が、何やらとても忙しくなっていて、家事に費やす時間などなくなっているようにも感じられます。さまざまな電気製品や道具などが登場して料理の手助けをしてくれるようにはなりました。それはそれでよかったのですが、しかし考えてみるとこれらの機器は人類から料理の楽しみを奪ったのではないかとも思えるのです。

器械を使うことでいくら手間が省けても、料理するという満足は得られません。加えて、あたらしいメニューを考えるとか、祖母に習った、あるいは母に習った料理をそこにいれてゆく余地はなかなかありません。つまり作られるものはどんどん画一化・統一化されてゆきます。むろん中にはさまざまな工夫を凝らす人もいるでしょうが、それはごく一部です。

二〇一八年九月のある日、東京のとある企業のセミナー室でちょっと変わったセミナーが開催されました。テーマは「料理をしよう」。参加者は実に多彩で、わたしのような研究者もいれば、家電メーカーの技術者もいました。共通していたのは料理に関心があること。そこで料理とは何か、未来の料理はどうなるか、などのテーマで議論したのです。

わたしも発表させてもらいました。わたしのテーマは、料理という行為が、個人にとっても社会にとっても、とても大事なものだということと、もうひとつ最近の高機能の料理家電製品（これを調理家電と呼ぶことにします）が、実は人間を料理嫌いにしているのではないか、というものでした。すこし詳しく書いてみます。まず、後段の部分から。

調理家電は確かに料理の手助けになります。時間の短縮、そして複雑な手順の段取り。つまり面倒で複雑な過程を器械が肩代わりしてくれます。確かに便利な道具です。少なくとも、そのことを意図して開発された器械のはずです。わたしも、日常的にその手助けの恩恵に浴しています。でも、よく考えてみると、調理家電の前でわたしたちがやることはいくつかのボタンを押すだけです。調理家電の前ではじつは人間が器械の働きの手助けをしているだけではないのか。器械があらかじめ決めたプログラムに従って、プログラム上の分岐点で、どちら（あるいはどれ）を選択するという補助的な行為が求められているのではないのか。ふと、そのように感じたのです。彼らは人間の労働を助けてくれているのではなくて、手抜きを助長しただけではないのかとも思えてきます。もっとはっきりといえば、わたしたちは家電製品のお手伝いをしている存在に成り下がっているかに思われるのです。

いま、人工知能（ＡＩ）が人間の仕事を奪うのではないか、もしそうだとして、まっ先に奪われる仕事は何かなど、人工知能を巡る議論があちこちで沸騰しています。人工知能がもっと普及してくれば人間は労働から解放されるのではないか――そんな議論もあります。しかし、調理家電の動きを見ていると、料理に関する限りでは人工知能は人間にはボタンを押すという手助けだけを残して、創造的で楽しい部分は人工知能がもってゆくのではないかと懸念します。いや、もうそうなりかけている気がするのです。

この研究会に、家電メーカーの技術者たちも来ていたと書きました。わたしは当初、このような話は彼らの顰蹙《ひんしゅく》を買うものとばかり思っていたのですが、意外にも私の発表を肯定的に聞いた人がかなりおおかったのです。わたしは思いました。もしこのままどんどん家庭で料理する機会が減ってゆくと、調理家電はおろか家電そのものが売れなくなってしまう。技術者の皆さんもそう思っているようでした。調理家電を使い続けてもらうためには家庭で料理をしてもらうしかない、というわけです。

男子厨房に入ろう！——食べ方改革のすすめ

さて、前項の前段部分に話を戻しましょう。女性の社会進出がすすんだにもかかわらず、現実には日本の家庭では「男は外で仕事し、女は外で仕事して家では家事をする」ところがおおいようです。つまり家事労働のしわ寄せは相変わらず女性におきているわけです。食の外部化がすすんできているとはいえ、家庭の役割はまだまだおおきいと思われます。そしてその結果として《家庭の役割の部分》が、義務的なことがらとして、そのままそっくり女性の仕事として強いられている、ということなのだろうと思います。つまりこの部分が、男にも女にも消極的な意味でしか捉えられなくなっています。日本社会は、それに対して家事労働を軽減する家電やさまざまな道具を開発してきましたが、その割には料理やその周辺の労働は決して軽減されていません。

根本に立ち返って考えてみたとき、わたしは、「難局を技術で」、というような解決の方策は、もはや通用しなくなってきているように思います。家電製品にしても、新たに開発された家電や道具の中には、義務的な部分を軽減するというほんらいの趣旨を越え、料理という作業の創造的な部分を担うようになりつつあるのではないかと思います。料理という行為そのものを義務的にとらえ、創造的で楽しい部分を器械に渡しているのではないか。料理がもつ創造的な部分は人間が担い、力をいれてかき混ぜるとか凍った食材を手早く溶かすとか、器械には単純作業や力の要る作業だけをさせるようにすべきではないでしょうか。つまり、料理というものを肯定的に捉える発想の転換をすることも必要なのではないかと思うのです。

そもそも料理とは人間がもつ能力を総動員しておこなう作業です。料理は、料理する人、あるいは料理する人の家族やコミュニティがもつ経験や知識を動員しておこなわれるものです。加えて文明発祥以後は遠来の食材やそれにかかわる情報などが学者と呼ばれる研究をなりわいとする人たちの手で整理され、体系化されてゆきました。それらの知、いわば「学知」を深め、極め、次世代に引き継いでゆく営みが学術です。過去に蓄積された知を動員し、庖丁で魚をさばくとか根菜を薄く同じ厚さに切るなどの身体技術を使って食材を料理し、できたものをおいしそうに美しく盛り付け、かつ周囲をあつらえるのが芸術です。この三つの術が料理するということでしょう。バランスよく動員して自分個人だけではなく、家族や仲間たちにそれをふるまうことで喜んでもらい、かつそれを自分の喜びとするという社会的な満足がその背景にはあるはずです。料理をするとは、この学、技、美という人類が発明した三つの術を動員する作業なのではないのか。そして、料理をしないということは、この三術の鍛錬の放棄なのではあるまいか。そう、思ったりもします。

よく、料理上手は食べ歩き上手といわれたりもします。料理上手は「この料理はうまかった」と思えば、その素材を確かめて記憶にとどめ、そして次には自分でもそれを作ってみてその味を再現してみる。何かが違うと思えば改良を重ねてさらに挑戦するということをします。そういうことの繰り返しがその人を料理上手にしているのでしょう。

わたしはこのことを、男性の、とくに若い人たちにいいたいと思います。それも料理など苦手だと思っている人、あるいは家での料理は一切が奥さん任せという人に聞いてほしいのです。「(きょうは)うまいものを食べた」と思ったら、つくった人に素材を聞き、料理法を聞き、それらを書き留めてみてください。最初のうちは説明されてもちんぷんかんぷんということがおおいと思います。でも、そういうことを繰り返すうちに、それが何を使った料理であり、どう料理されたものかが、聞くだけでわかるようになってきます。そうすれば今度は自宅で同じものを作ってみてください。料理をしてみると、段取りの大切さがわかります。最初のうちは失敗の連続になるかもしれません。しかし段取りを考え、頭に「これをつくろう」というイメージを思い描きながら料理するのはなかなか楽しいものです。

このように書けば、「そんな余裕などどこにあるというのか」という非難の矢が飛んできそうです。社会全体に余裕が失われ、おいしいものをゆっくり味わうことさえ難しくなってきているのは確かかもしれません。でも、余裕のない社会だからこそ、ささやかでもおいしいものを食べる努力が求められているのだと思います。そう、いまの社会に真に必要なことは、食べるとはどういうことか、生きるとはどういうことかを問い直すことではないでしょうか。私はいまこそ、「食べ方改革」の時代だと考えています。

繰り返しになりますがもう一度書きます。料理とは、知を動員し、筋肉を使って道具を扱い食材の形を変えたり他の食材と混ぜたりし、最後には芸術のセンスに沿って食を飾るという一連の動作です。人類が発明した三つの術を動員しておこなわれる、人間ならではのおこないです。料理をすることは、個人としても自分の能力を高めることにつながります。料理を他人任せにするのは損。よりおおくの人がこのことに気づいてくれれば、食をめぐるさまざまな問題のいくらかがすこしは軽減されるのではないかとわたしは思っています。

食文化の学問を

本書は、最初にも書いたように、食文化を考えるための一冊です。じつは、食文化をトータルに俯瞰する学問がないのです。理由はいくつかあります。ひとつには学問の姿勢やこれまでの姿勢があげられます。学問の社会は縦割り社会です。普通の社会以上にそうかもしれません。とくに二〇世紀の後半からはその傾向が顕著で、あたらしい分野はどんどんできてきましたが、いっぽうで分野をまたいだ研究会や学会はそれに比べて低調です。一九七〇年代ころから「分野横断」「文理融合」などの語も盛んに使われるようになってきましたが、成功事例は少ないといわれます。最近の学界では厳しい成果主義が横行しています。論文を書くことが求められています。成果を上げるのは、研究が公的な活動である以上当たりまえのことですが、狭い専門分野の中だけでの活動（論文の著述）では、学問の社会的な役割が果たせたことにはなりません。それなのに、いまの学界には論文を書く作業が最終目的になっているように感じます。

食文化をあるがままに捉えようとすれば、分断され、個別にすすめられてきた研究を一本の柱のもとにつなげることが必要です。食文化の研究はこれまで、人の栄養を考える栄養学、調理やその文化を考える調理学や家政学、食物生産を扱う農学（畜産学や水産学を含む）、食料生産のつながりを考える生態学などの面からバラバラにおこなわれてきました。これらの学問自体がいくつもの専門分野をつないだ一種の総合学問ですが、それでも、食文化の総体を理解するには不十分でした。加えて、最近の食を理解するには、流通や大量生産を支える経営（マネジメント）の理解が欠かせません。いろいろな学問分野を俯瞰するには、学問の分野でのジェネラリストが必要です。いま産業界などでは盛んにスペシャリストの養成がいわれていますが、ほんとうに必要なのはジェネラリストのほうだと考えます。全国のほとんどの大学が教養課程を廃止し、ジェネラリストを養成するところはなくなってしまいました。専門の雑誌に論文を書くことばかりを習ってきた世代の研究者の間には教養を軽視する声もあって、このことがジェネラリストの養成をますます困難にしています。

学問をつなぐ役割を果たすのは哲学です。「扇のかなめ」と呼んでいいでしょう。しかしいま、食の哲学を専門とする研究者はほとんどいません。さらに、文系、理系の枠を越えたこうした学問分野をつなぐ柱として、食にかかわるあらゆる分野（これを食の現場と呼ぶことにします）でおきていることを把握することが、いままさに求められています。

食文化の研究がおざなりにされてきたもう一つの理由が、日本社会の制度や構造にあると思われます。日本では長く、食文化を日本の伝統文化に位置づけることをしてきませんでした。これまで文化といえば芸能や文芸、書画、建築などをいい、食文化は一段低いものにみられてきたのです。これに対して日本政府は、食生活のさまざまな分野でみられる「習わし」を「食文化全体として振興」する必要があるという「文化芸術振興計画」を二〇一八年に発表しています。これによって食文化は、他の文化同様に振興が図られることになりました。むろんこれは法律のことで、中身の充実はこれからのことです。

食は、人間が生きてゆくための欠かすことのできない営みです。それは、これまでみてきたように、とても複雑で繊細な営みなのです。いま、この営みはあちこちでほころびを見せ始めています。「持続可能」「持続可能性」などという語が聞かれますが、人間社会の持続可能性は、ひとえにこの食の営みの持続可能性にかかっています。

二〇二二年の春に

京都にて

佐藤洋一郎

著者略歴

佐藤洋一郎（さとう・よういちろう）

京都府立大学特別専任教授。ふじのくに地球環境史ミュージアム館長。専門は植物遺伝学。

主な著書に、『森と田んぼの危機』(朝日新聞社、1999年)、『イネの歴史』(京都大学学術出版会、2008年)、『食の多様性』(勉誠出版、2014年)、『食の人類史』(中央公論新社、2016年)、共編著に『海の食料資源の科学—持続可能な発展にむけて』『縮小する日本社会—危機後の新しい豊かさを求めて』(生命科学と現代社会シリーズ、勉誠出版、2019年)、編著に『知っておきたい和食の文化』(勉誠出版、2022年)などがある。

食べるとはどういうことか

著者　佐藤洋一郎

制作　㈱勉誠社

発売　勉誠出版㈱

〒101-0061 東京都千代田区神田三崎町二−一八−四

電話　〇三−五二一五−九〇二一㈹

二〇二三年七月二十五日　初版発行

印刷製本　中央精版印刷

ISBN978-4-585-33002-8　C0039

知っておきたい和食の文化

伝統的な日本の食文化を「和食文化」と定義し、様々な謎や疑問について、歴史や材料など多角的に探り、文化を守る取り組みも紹介する。

佐藤洋一郎 編・本体二八〇〇円（＋税）

食の多様性

安さの追求と大量生産の結果、食の多彩な世界が危機に瀕している。植物遺伝学の大家が、食材、調理法、生産地等の切り口から、食の大切さ・面白さを語り尽くす。

佐藤洋一郎 著・本体一八〇〇円（＋税）

食卓の日本史
和食文化の伝統と革新

世界に誇る和食。食材の広がりや食事の作法まで、歴史的検証を重ねながら、長く深い伝統を持つ日本人の食の知恵を紹介する。読めば腹鳴る、日本食卓事情。

橋本直樹 著・本体二四〇〇円（＋税）

知っておきたい和食の秘密

海山の潤沢な恵みを、ゆっくりと時間をかけて料理する和食。豊富なエピソードで和食のさまざまな秘密を解き明かしながら、日本の豊かな食文化とその底に流れる精神を探求する。

渡辺望 著・本体九〇〇円（＋税）

くいもの
食の語源と博物誌

天麩羅・鮨・おでんにかまぼこ・蕎麦・ちくわから餃子にハヤシライスまで。身近な食べ物の語源を辞書・随筆ほか諸文献から博捜。日本人の知恵と感性を味わう。

小林祥次郎 著・本体一六〇〇円（＋税）

中世日本の茶と文化
生産・流通・消費をとおして

称名寺に伝来した平安時代から室町時代までの茶に関する文献史料、各地に残された美術工芸品や考古資料などの諸資料を丹念に紐解き、「中世の茶」をとらえ直す。

永井晋 編・本体二八〇〇円（＋税）

『酒飯論絵巻』の世界
日仏共同研究

十六世紀前半、狩野元信とその工房により制作された『酒飯論絵巻』。文学史のみならず、美術史・歴史学・食文化史など、様々な分野から同絵巻を読み解く。

阿部泰郎・伊藤信博 編・本体二〇〇〇円（＋税）

酔いの文化史
儀礼から病まで

醸造や酒宴の歴史から、食文化とのかかわり、文学・絵画における表象、アルコール依存症など現代的な問題まで、飲酒文化について多角的に考察する。

伊藤信博 編・本体二八〇〇円（＋税）

絶滅危惧種を喰らう

野生動物を「喰らう」問題、「装う」問題、そしていかにして野生動物を絶滅から救うかについての方策とよりどころとなる思想について多角的な視点から論じる。

秋道智彌・岩崎望 編・本体三二〇〇円（＋税）

菜の花と人間の文化史
アブラナ科植物の栽培・利用と食文化

アブラナ科植物の品種や生殖上の特質、伝播・栽培や食文化、社会との接点の諸問題について、農学系と人文学系の研究者が意欲的に取り組んだ学融合的研究成果。

武田和哉・渡辺正夫 編・本体三二〇〇円（＋税）

生命科学と現代社会
海の食料資源の科学
持続可能な発展にむけて

マグロやサンマは食べ続けられるのか？ 経済、国際交渉、地域、文化等の様々な価値観の中での資源管理を、日本発の考え方である「つくる漁業」の実例とともに考察。

佐藤洋一郎・石川智士・黒倉寿 編・本体三四〇〇円（＋税）

生命科学と現代社会
縮小する日本社会
危機後の新しい豊かさを求めて

人口と生産が減少する日本社会。その転換を、地域と方法論から分析し、新たな生産のあり方を探り、縮小期において豊かさを享受する方法の提案を行っていく。

佐藤洋一郎 監修・香坂玲 編・本体三四〇〇円（＋税）